· 主编寄语 ·

20世纪初，当茅以升先生在美国加州理工学院读到泰罗的《科学管理原理》（F.W.Taylor,1911）时，"管理"还只是象牙塔尖里的学问。今天，时隔不到百年，它已经成为人们使用最多的一个词汇了。而且，人们还把管理同技术一起并称为推动经济增长的"两个车轮"。更重要的是，在跨国界、跨文化的研究中，人们发现，国家间在经济发展上的差距并非只是由于技术的原因，而更可能是管理或其他因素出了问题。为此，第二次世界大战结束后，在欧洲大陆还曾展开过一场激烈的论战：欧洲的科学技术并不比美国落后，可经济发展为什么落在美国后面？于是，人们试图从比较研究的视角去"揭示工业增长过程与管理间的密切联系"，并形成了比较管理分析的最初范式，其代表作就是《工业世界的管理：国际分析》（F.Harbison和A.Meyers，1959），由此正式拉开了比较管理分析的序幕。美国纽约大学在1970年举办的比较管理学学术研讨会，被认为是比较管理学形成的重要标志。比较管理研究初期的特点是注重建立概念体系、分析框架，探讨管理是否具有可移植性，而20世纪80年代出现的"管理新潮流的四重奏"则采用案例研究方法比较日美企业管理的异同，更具有实证性特点。90年代以后，"硅谷模式"举世瞩目，比较研究的论著层出不穷，从最初的文化比较（AnnaLeeSaxenian，1994）到后来的比较制度分析（Masahiko Aoki，1999），研究不断深入，越来越深刻、精细。这期间，福山先生的专著《信任——社会美德与创造经济繁荣》（Francis Fukuyama，1995）研究了信任结构与企业模式的关系，令人耳目一新，堪称比较文化管理研究的典范。

尽管比较管理研究的历史还相当短暂，但学者们的研究话题几乎涉及这一领域的各个方面：一国的管理特别是企业管理的方式和特点是什么？各国的企业管理有无异同优劣之分？影响各国企业管理的因素究竟有哪些？各国企业管理方式根植于何种不同的背景和环境？经历了怎样的演化过程？管理方式与经济发展究竟是什么关系？各国的企业管理方式之间是否具有可选择性、可移植性和互补性？是否存在特定的比较管理分析框架、范式和方法？无论从哪个角度观察和评价，这些问题的研究都还远远没有完成，更何况实践仍在发展着。因此，从比较研究的视角，用比较分析的方法去解读管理特别是企业管理问题，就成为我们创办《比较管理》的初衷，也是这本杂志所追求的特色。不知是机缘还是天意，它竟然是目前国内第一本专门立足于比较管理研究的学术刊物！因此，究竟如何迈步、走向何方，不仅要靠我们自己的努力，更有赖于作者和读者们的智慧。我们会竭尽全力，力图形成自己特定的分析范式、专业话语、品位和风格，同时又符合国际通行的学术规范，成为管理学界的一流刊物。因此，我们不仅突出其学术性、前瞻性，更注重其现实性，使其成为管理学领域解读"真实世界"的一个窗口。

《比较管理》的创办得到了国家自然科学基金委员会管理学部的悉心指导，以及清华大学、北京大学、中国人民大学、浙江大学、南京大学、中山大学、武汉大学、南开大学、大连理工大学、成都电子科技大学、山东大学、东北大学、汕头大学、北京交通大学、东北财经大学、西南财经大学、西北大学、南京工业大学、南京理工大学、重庆工商大学、江西财经大学、首都经济贸易大学以及辽宁大学等院校（还有许多院校，恕不一一列举）的同行专家及管理学院院长们的大力支持，中国企业管理研究会和经济管理出版社更是鼎力相助，我们非常欣慰，倍受鼓舞，在此一并表示谢意。

正值谷雨时节，绵绵春雨，处处新绿，启窗送目，气爽神怡，于不经意间发现，一粒种子已然植入土中……

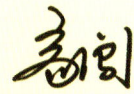

《比较管理》学术委员会

○ 总顾问
陈佳贵　中国社会科学院

○ 学术顾问
赵纯均　清华大学
席酉民　西交利物浦大学
郑海航　首都经济贸易大学
黄速建　中国社会科学院

○ 学术委员会主任
徐二明　中国人民大学

○ 学术委员（以姓氏笔画为序）

于洪彦　吉林大学	王关义　北京印刷学院
井润田　电子科技大学	仝允桓　清华大学
刘延平　北京交通大学	刘文瑞　西北大学
刘　冰　山东工商学院	陈传明　南京大学
沈志渔　经济管理出版社	李良智　江西财经大学
李维安　南开大学	李新春　中山大学
李燕萍　武汉大学	李志强　山西大学
陈晓红　中南大学	张新民　对外经济贸易大学
张宗益　重庆大学	周小虎　南京理工大学
杨世伟　经济管理出版社	杨兆宇　沈阳建筑大学
林丹明　汕头大学	单忠东　北京大学
罗　珉　西南财经大学	赵顺龙　南京工业大学
赵曙明　南京大学	高　闯　首都经济贸易大学
高良谋　东北财经大学	徐向艺　山东大学
贾生华　浙江大学	戚聿东　首都经济贸易大学
董大海　大连高级经理学院	薛有志　南开大学

《比较管理》编委会

○ 主编
高　闯　首都经济贸易大学

○ 副主编（以姓氏笔画为序）
杨世伟　经济管理出版社
陈传明　南京大学
高良谋　东北财经大学

○ 主编助理
关　鑫　清华大学

○ 编委（以姓氏笔画为序）
申桂萍／刘　刚／张永美／张　艳／杜　娟／周江华／赵　晶／郭丽娟／韩亮亮

比较管理

Comparative Management

2012 年
第 1 期

目 录

企业战略与创新管理

高层管理团队特征对战略双元性的影响研究 ……………………………… 王益民　缪小梅（1）
中国垂直行业 B2B 大宗商品交易市场的研究——基于多案例比较分析 …… 佘镜怀　邢晓彤（11）
海尔集团人单合一双赢模式战略变革案例研究 ……………………………………… 赵剑波（22）
基于企业生命周期的商业模式转型与优化 ………………………………… 钟耕深　陈　衡（31）
区域创业比较研究：基于江苏样本企业的分析 …………………………… 刘兴国　沈志渔（38）
福特与乔布斯管理模式的比较分析 …………………………………………………… 徐艺文（52）

管理思想与组织文化

王建国的理论与稻盛和夫的实践 ……………………………………………………… 程丽霞（62）
荐举制度与考试制度在人才选拔中应用的比较研究
　　——基于科举考试兴废研究的启示 ……………………………………… 崔佳颖　车宏生（71）
比较管理视角下的中国文化复杂性与管理路径
　　——基于势科学与信息人理论的分析 …………………………………………… 李德昌（79）

研究范式与方法

从日本企业的质量经营认识管理移植 ………………………………………………… 李　枫（89）
比较管理研究范式的完善与发展 …………………………………………… 高　闯　房茂涛（98）
国际比较管理研究院成立暨管理学发展的比较维度与研究范式研讨会综述
　　…………………………………………………………………………… 柳学信　张祖群（109）
第五届全国比较管理研讨会观点综述 ………………………………………………… 关　鑫（114）

Main Contents

Enterprise Strategy and Innovation Managements

The Impact of Top Management Team on Strategic Ambidexterity
 ··· Wang Yimin, Miao Xiaomei (1)
Study on Bulk Stock Marketplace of Vertical Industrial B2B in China——Applying Cross-Case
 Analysis ·· She Jinghuai, Xing Xiaotong (11)
A Case Study on the Strategic Change of the Integration Between the Employees and the
 Indents of Hair Group ·· Zhao Jianbo (22)
Transformation and Optimization of the Business Model Based on the Corporate Life Circle
 ··· Zhong Gengshen, Chen Heng (31)
Regional Entrepreneurial Comparative Research: Analysis Based on Jiangsu Samples Enterprise
 ·· Liu Xingguo, Shen Zhiyu (38)
The Comparison and Analysis of the Management Mode of Henry Ford and Steve Jobs
 ··· Xu Yiwen (52)

Management Thought and Organizational Culture

The Theory of Wang Jianguo and the Practice of Namori Kazuo
 ·· Cheng Lixia (62)
Comparative Research on the System of Recommendation and Imperial Examination in Ancient
 Chinese Civil Service Selection——Based on Abolishing Examination
 ·· Cui Jiaying, Che Hongsheng (71)
Comparative Management Under the Perspective of Chinese Culture Complexity and Management Path
 ——Based on the Shi Science and Information People the Analysis of the Theory
 ·· Li Dechang (79)

Research Paradigm and Methods

Understanding Management Transplantation From the Quality Management of Japanese Companies
 ··· LI Feng (89)
The Improvement and Development for the Research Paradigm of Comparative Management
 ··· Gao Chuang, Fang Maotao (98)
Established International Comparison of Management Research and Comparative Dimension and
 Research Paradigm of Management Development Seminar
 ·· Liu Xuexin, Zhang Zuqun (109)
On the Viewpoints of the Fifth Academic Symposium of Comparative Management in China 2012
 ··· Guan Xin (114)

【企业战略与创新管理】

高层管理团队特征对战略双元性的影响研究

王益民　缪小梅

(山东大学管理学院，济南　250100)

[摘　要] 本文将组织双元性的研究延伸到战略领域，探寻组织战略双元性的内在逻辑及其作用机制，然后实证考察了高层管理团队 (TMT) 特征对组织战略双元性的影响及环境不确定性的调节作用。基于127份样本实证研究表明：①高管团队的行为整合、社会资本 (商业联系、政治联系)、中庸思维对战略双元性具有显著的正向影响。②环境动态性显著增强了行为整合、中庸思维与战略双元性之间的关系，而环境复杂性显著弱化了行为整合、中庸思维与战略双元性之间的关系。本文探索了不同于西方情境下的中国高层管理团队特征及其对本土企业战略行为的影响。

[关键词] 高层管理团队；行为整合；社会资本；中庸思维；战略双元性

一、引　言

当前中国经济正处于转型发展时期，其典型特征是市场经济和制度体系不完善，特别是缺乏规范的市场环境和完备的人才市场等。同时，中国正逐步融入国际市场，经济环境受到经济全球化的影响。在中国经济转型的历史进程中，企业是推动经济转型的主体。中国企业家调查系统 (2010) 对中国企业经营者成长与发展报告表明，提升企业战略决策能力的首要途径为："优化高管团队的构成。"将高管团队的构成放在第一位，可见高管团队对组织战略决策的关键作用。作为组织战略决策的发起者，高管团队在进行战略决策时会面临很多战略悖论，如专业化—多元化、探索性创新战略—开发性创新战略、经济效益—社会效益等。在日益复杂多变的环境中，企业要保持长久的成功既需要充分利用和提升当前的竞争优势，又需要进行探索以适应未来环境的变化。因而，处于转型期发展中国家的企业，和发达国家同类企业相比，其成长过程中所表现出来的组织和战略管理方面的"双元性"特征要更显著。

[基金项目] 国家自然科学基金资助项目《基于协同演化视角的制度转型期企业战略双元性实证研究》(批准号：71072110)；教育部新世纪优秀人才支持计划资助 (批准号：NCET-11-0312)。

[作者简介] 王益民 (1971—)，男，山东大学管理学院教授、博士，研究方向：战略管理、跨国公司管理；缪小梅 (1985—)，女，山东大学管理学院硕士研究生。

二、理论与假设

（一）双元性与战略双元

Duncan 于 1976 年首次提出"组织双元性"（Organizational Ambidexterity）这一概念。在后续研究中，学者们主要从组织学习、技术创新、组织适应等视角来解释组织双元。近年，国外关于组织双元的研究已经延伸到战略管理领域，一些研究者明确提出了"战略双元"（Strategic Ambidexterity）的概念，即组织同时平衡开发式创新与探索式创新的特性与能力，并开始运用"双元"概念来提炼战略管理研究领域中的一些核心问题。O'Reilly 和 Tushman 指出，"双元性"绝不仅仅是一个组织结构的问题，清晰的战略意图、战略愿景与价值观等也同样是影响和决定"双元性"的重要变量。因此，Raisch 等认为需要整合组织研究领域对组织双元的研究成果，发展战略双元这一重要概念，以深入对"双元性"的认识和理解。目前，学者开始将"双元性"与组织的动态能力、战略演化等核心问题有机地融合在一起，战略双元正日益成为组织与战略管理研究领域中一个非常有潜力的方向。

处于转型经济中的企业行为明显不同于成熟经济中的企业行为，其高层管理团队的构成、运作过程及对于组织绩效所发挥的作用也不尽相同。在中国特定的管理情境下，高管团队的社会网络、与西方高管团队相比特有的中庸思维等，更具有本源性和基础性，是创新的源泉和基石。因此，在对高管团队特征进行研究的过程中，有必要把人格、认知、价值观等深层次的变量考虑进来。基于此，本文从高管团队的行为整合、社会资本和中庸思维三个维度出发，来考察高管团队特征对战略双元性的影响机制。

（二）高管团队行为整合与战略双元性

高管团队行为整合是指高管团队内部、高管团队成员之间进行思想和行为的集体互动过程，具体表现为团队合作、开放沟通和共同决策的行为过程。Lubatkin 等认为，行为整合直接影响了高管团队如何处理矛盾的知识过程。在发生认知冲突时，行为整合的团队能够更有效地利用知识，并利用冲突机会对战略问题进行辩论和讨论。高管团队通过行为整合过程，能够对探索和开发机会有更深入的认识，从而达到探索创新和开发创新的实现。而且通过行为整合，使团队成员能够结合多种知识和信息资源，从而对组织的战略决策方向激发新的视角和竞争力。因此，行为整合程度高的团队更能够以全面的视角看待组织适应不确定性环境的方式，既包括对原有技术、产品的改进，也包括开发新技术、新产品。因此，提出以下假设：

H1：高管团队行为整合对战略双元性有显著的正向影响。

（三）高管团队社会资本与战略双元性

我国自古就有重视"关系"的文化传统，关系对于中国企业的发展具有重要意义。社会资本是企业高管团队的一种无形资源，通过这种资源可以为企业获得物质的、信息的和感情的帮助。任何一名高管团队成员都是社会人，必然与上级领导机关、当地政府部门、其他企业等发生联系，镶嵌于一组特定的社会关系网络中。陈伟民认为，企业高管团队的社会资本由团队的外部联系和内部关系共同构成，基于这些社会关系网络所形成的社会资本，是影响企业发展的重要因素。徐强、魏泽龙、李垣等指出，在研究转型经济背景下中国企业高管团队对企业战略变化的影响时，应该充分考虑高管团队外部联系、社会关系特征对战略变化的影响。本文主要研究高管团队社会资本的外部联系，并将高管团队社会资本分为商业联系和政治联系两个方面。

1. 高管团队商业联系与战略双元性

高管团队的商业关系主要指，高管团队成员与其他企业高管透过社会网络关系所形成的社会资本。商业关系为企业高管提供了来自企业之外的、有助于企业克服环境不确定性所需的资源、信息和知识，而这些信息和知识对企业当前和未来的竞争优势有着深刻的影响。

高管团队成员通过商业联系，从供应商、客户、消费者处搜集丰富的、有价值的信息资源和知识，这些信息和知识能够改善企业现有的内部知识库，促使企业高管团队能够分析思考企业现有产品、技术的优点、缺点，在一定意义上有助于企业在现有技术和现有市场需求基础上进行新产品、服务等活动的渐进式改良和改进，提高现有产品竞争力，从而有利于企业进行开发性创新。如果企业拥有良好的社会资本，就可借助各种社会联系，借助企业的各种关系网络，从联系密切的、信任度高的企业那里获得更有价值的隐性信息。因此，在高管团队成员与其他企业高管互动的过程中，存在大量的、新颖的、非冗余性的信息资源和知识，高管团队成员通过对这些信息的综合思考，打破传统思维模式，吸收、融合非冗余性的信息资源和知识，会给企业的技术创新范式带来巨大的冲击，促进企业进行重大产品和技术的研发、颠覆式的革新，有利于企业的探索性创新。因此，提出以下假设：

H2：高管团队商业关系对战略双元性有显著的正向影响。

2. 高管团队政治联系与战略双元性

高管团队的政治联系主要指高管团队成员与政府机关人员透过社会网络关系所形成的社会资本。企业高管与政府机关人员的社会关系网络，可帮助企业获取经营所需的资源、信息和知识，从而为企业面临商业环境的高不确定性时提供一定的缓冲。

首先，政治联系能够帮助企业取得更多的外部融资，这在一定程度上缓解了企业研发资金短缺的问题，加强了企业技术创新的投资保障，从而帮助企业顺利进行技术创新活动。其次，政治联系有利于企业打破行业进入壁垒，这在一定程度上降低了企业经营的不确定性，使得企业在保持现有产品或市场需求的基础上，能够打破行业进入壁垒，开发全新的产品，开拓全新的市场，从而对企业战略双元性产生积极影响。最后，企业高管的政治联系能够帮助企业提前掌握政策动态，有助于企业及时获得政府有关行业发展的宏观经济调控措施与产业技术导向，加强了企业对外部环境的认知和把握能力，从而使企业能够更加积极地进行创新投入和创新支撑活动，使企业的开发性创新活动和探索性创新活动保持在较高水平。因此，高管团队通过政治联系获取的资金、信息等重要资源有利于企业同时进行探索性和开发性活动，达到较高的战略双元水平。因此，提出以下假设：

H3：高管团队政治联系对战略双元性有显著的正向影响。

（四）高管团队中庸思维与战略双元性

由于受到中国传统文化的影响，中国管理情境下的高管团队认知能力与西方情境下的高管团队认知能力存在差异。其中比较典型的当属中庸思维。作为中国传统文化中最凸显的思维方式之一，中庸思维不仅体现了中国历代的伦理道德标准，同时也作为一种伦理价值观和思维方式，影响着中国管理者的行为和做事准则。陈建勋、凌媛媛和刘松博指出，中庸型领导一方面要寻求稳定以降低不确定性，减少交易成本，将已有的惯例制度化，保证企业现有的能力和优势的充分发挥；另一方面又要在适当的情况下放弃原有的惯例，寻求柔性和追求变化以适应快速变化的环境，打破常规思维，探索新的技术创意和市场，满足企业发展战略的要求，并根据产品市场需求的转化开发新的技术、开拓新的市场。中庸型领导通过平衡两种活动之间的矛盾可以满足企业的双重发展要求。因此，提出以下假设：

H4：高管团队中庸思维对战略双元性有显著的正向影响。

（五）环境不确定性的调节作用

一些学者已经开始注意到环境的不确定性对企业选择探索和开发的重要性。如 Rowley 等认为环境的不确定性对企业生存所需的创新活动提出了更高要求，因此，在不确定性的环境下需要企业进行更高水平的探索活动。然而，另一些学者研究发现高的环境不确定性可导致威胁刚性（Threat Rigidity）的产生，这促使企业更加重视对现有资源和关系的开发活动。基于前人的这些研究，本文认为，环境的不确定性调节了高管团队与战略双元之间的关系。在不确定环境下，战略双元可以平衡灵活性和效率的要求。同时，基于对环境不确定性的理解，本文将环境不确定性分为两个维度：动态性和复杂性。

1. 环境动态性的调节作用

环境的动态性是指组织所处环境的变化速度快，并且具有不可预测性。当环境的动态性高时，需求、竞争对手、技术和法规等信息快速变化，并且获取的这些信息往往是不准确、不可用的或过时的。因此，动态的环境要求组织能够对环境的变化做出迅速反应，并且扩大信息搜集的范围。

本文认为，在高度动荡的环境中，由于存在产品、技术、政策等信息的不可预测的变化，这对高管团队的信息搜集、选择和处理提出了更高要求。在高管团队内部，通过团队成员之间的合作、高质量的信息沟通和共同决策，可以更全面地掌握信息或资源的变化，并做出快速准确的反应，进而促进战略双元。由于环境的高度动荡性，高管团队需要加强与其他组织高管的联系、与政府机关人员的联系，获取有价值的商业信息和政治资源，有利于组织在动荡的环境中更准确地认知行业发展现状及未来趋势，有利于组织的探索性创新和开发性创新。在高度动荡的环境中，具备中庸思维的高管团队成员能灵活处理信息，能够同时追求探索和开发。因此，本文认为，相对于稳定的环境，高管团队的行为整合、社会资本为组织提供了丰富的信息和资源，从而帮助组织降低了其所处环境的动态性，进一步促进战略双元。因此，提出以下假设：

H5a：环境的动态性对于高管团队行为整合和战略双元性的关系具有显著的正向调节作用。

H5b：环境的动态性对于高管团队社会资本和战略双元性的关系具有显著的正向调节作用。

H5c：环境的动态性对于高管团队中庸思维和战略双元性的关系具有显著的正向调节作用。

2. 环境复杂性的调节作用

环境的复杂性是指构成环境的诸要素之间的差异性，以及环境要素之间相互联系的复杂性。一个组织所处的环境越复杂，组织在战略决策时越需要考虑异质性的行动者群体和利益相关者、复杂的活动与联系及处理组织边界外的互动。

中国正处于制度转型期，市场机制并不完善，政府仍然掌握着重要的稀缺资源的配置权，政府的政策增加了所处环境的复杂性。在本文中，环境复杂性特指政府政策和行为对组织经营的影响程度，影响程度越高，则组织所处的环境越复杂。

当政府政策与行为能够对组织经营产生很大影响时，由于影响组织经营的对象的特殊性，增加了组织对外部环境进行监控和理解的难度。因此，组织面对的环境越复杂时，组织就越倾向于进行渐进式的战略变革。高管团队作为组织战略的制定者和决策者，在复杂的环境中，对探索性创新和开发性创新的选择更谨慎、更保守。因此，在环境复杂程度较高时，高管团队行为整合、社会资本、中庸思维对战略双元性的促进作用较弱。因此，提出以下假设：

H6a：环境的复杂性对于高管团队行为整合和战略双元性的关系具有显著的负向调节作用。

H6b：环境的复杂性对于高管团队社会资本和战略双元性的关系具有显著的负向调节作用。

H6c：环境的复杂性对于高管团队中庸思维和战略双元性的关系具有显著的负向调节作用。

综上所述，本文的理论框架如图 1 所示。

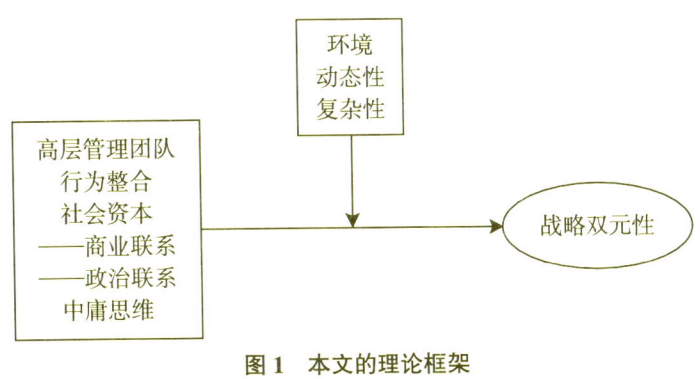

图 1 本文的理论框架

三、研究方法

(一) 样本选取与数据收集

本文主要采用调查问卷方法,以山东地区的企业为对象来研究高管团队特征对战略双元性的影响。本文问卷收集的方式主要通过现场发放、网络问卷及委托发放的方式进行。在进行正式问卷发放之前,为保证初始问卷的信效度,本文进行了预调研。预调研共发放问卷 102 份,实际回收 65 份。其中,剔除填写不完整问卷 5 份,有效问卷为 60 份,实际回收率为 58.82%。进行正式问卷调查时,本文共收回问卷 153 份,剔除重要数据缺失、前后填答矛盾、回答不认真的 26 份问卷,有效问卷为 127 份。

(二) 变量与测量

本文主要参考相关研究的成熟量表,并根据我国企业和研究目的进行了适当的修改。所有量表均采用 5 点 Likert 量表进行测量。

1. 因变量

本文对组织探索性和开发性活动的研究,主要通过组织的创新倾向来衡量,具体从组织在技术、产品、客户和市场方面的创新来考虑。本文主要参考 He 和 Wong (2004)、Jansen 等 (2006)、李剑力 (2009)、Kollmann 和 Stockmann (2010) 关于探索性创新和开发性创新的量表,共 14 个题项。利用 SPSS17.0 进行探索性因子分析,删去了 4 个载荷系数较低的题项,分析结果如表 1 所示。

表 1 战略双元性因子分析与信度分析结果 (N = 60)

变量	因子 1	因子 2
开发性创新		
A13:贵公司注重提高业务自动化水平	0.822	
A14:贵公司注重改进现有产品或服务以满足客户的需求	0.819	
A12:贵公司注重为现有客户不断提供更多的服务	0.803	
A9:贵公司努力巩固和扩大现有市场规模	0.708	
A8:贵公司努力改进现有的产品和服务质量	0.648	
探索性创新		
A7:贵公司注重寻求创新的方法来满足顾客的需求		0.853
A4:贵公司勇于承担风险来开发新的产品或技术		0.714

续表

变量	因子1	因子2
A6：贵公司注重使用新的分销渠道		0.705
A5：贵公司重视顾客超越现有产品和服务的需求		0.679
A3：贵公司勇于采用新的组织或管理方式		0.642
累积解释变异量（%）	32.284	62.392
KMO值	0.783	
Cronbach's alpha 系数	0.877	

注：因子分析抽取采用主成分分析法，转轴采用Kaiser正规化最大变异法。

2. 自变量

本文的高管团队行为整合量表参考姚振华和孙海法（2009）的高管团队行为整合量表，社会资本量表主要参考陆红英和董彦（2008）的量表，中庸思维量表参考吴佳辉和林以正（2005）的量表。

根据预调研所得数据进行分析结果显示行为整合、社会资本、中庸思维的内部一致性系数分别为0.793、0.822、0.887，表明量表具有较高的信度。进行探索性因子分析结果显示各个题项的因子负载量均在0.6以上，表明量表具备较高的内容效度。

3. 调节变量

环境的动态性主要参考李剑力（2009）和贺远琼等（2008）关于环境动态性的测量量表。此外，本文认为中国经济转型期，中国政策体制环境的变化情况的调查对本文研究更具意义。同时，中国正逐步融入国际市场，经济环境受到经济全球化的影响，因此在原有量表的基础上，增加了两个题项："行业所处的政策、体制环境变化很快，不稳定"，"对企业的经营与竞争产生影响的全球产业经济环境变化很快，不稳定"。

复杂性是指企业在外部环境中面临的外部利益相关者的数量和差异程度。参考贺远琼等（2008）的环境复杂性测量量表，并作相关修改，重点考察政府行为与政策对企业所处环境的影响。

对环境不确定性进行探索性因子分析，结果表明，各个题项的因子负载量均在0.6以上，内部一致性系数为0.822，表明量表具有良好的信效度。

4. 控制变量

本文将组织成立年限、组织产权性质、行业性质和组织发展阶段也会影响高管团队成员行为和组织的战略导向，在我们的模型中将它们作为控制变量。

四、数据分析与结果

（一）相关分析

通过相关性分析，在显著性水平为0.01的情况下，高管团队行为整合、社会资本（商业联系、政治联系）、中庸思维与组织战略双元性的相关性系数分别为0.650、0.603、0.459、0.612。这表明高管团队行为整合、商业联系、政治联系和中庸思维与组织战略双元性具有显著的正相关关系，如表2所示。

表 2 变量相关矩阵 (N = 127)

	均值	标准差	1	2	3	4	5	6	7
1. 行为整合	3.995	0.591	1.000						
2. 商业联系	3.918	0.607	0.616**	1.000					
3. 政治联系	3.799	0.720	0.509**	0.438**	1.000				
4. 中庸思维	3.849	0.536	0.324**	0.195*	0.262**	1.000			
5. 环境动态性	3.508	0.809	0.329**	0.324**	0.195*	0.262**	1.000		
6. 环境复杂性	3.321	0.857	−0.075	−0.050	0.050	−0.016	0.396**	1.000	
7. 战略双元性	16.440	4.756	0.650**	0.603**	0.459**	0.612**	0.428**	0.072	1.000

注：** 表示在 0.01 水平（双侧）上显著相关；* 表示在 0.05 水平（双侧）上显著相关。

（二）假设检验

本文采用层级回归分析对假设进行检验。在计算变量的交互项之前，变量均进行了标准化处理。

本文的层级回归分析结果如表 3 所示。模型 2、模型 3、模型 4 结果显示 TMT 行为整合、商业联系、政治联系均对战略双元性产生显著的正向影响，因此假设 H1、H2、H3、H4 得到验证。行为整合、中庸思维与环境动态性的交互作用对战略双元性产生显著的正向影响，因此假设 H5a、H5c 得到验证。行为整合、中庸思维与环境复杂性的交互作用对战略双元性产生显著的负向影响，因此假设 H6a、H6c 得到验证。社会资本与环境动态性的交互作用、社会资本与环境复杂性的交互作用对战略双元性未产生显著影响，因此假设 H5b、H6b 未得到验证。

表 3 TMT 行为整合、社会资本、中庸思维对战略双元性影响的回归分析 (N = 127)

研究变量	战略双元性						
	模型 1	模型 2	模型 3	模型 4	模型 5	模型 6	模型 7
控制变量							
企业年龄	−0.071	0.047	−0.034	−0.029	0.020	−0.061	−0.045
产权性质	0.165*	0.116*	0.208***	0.145**	0.152**	0.213***	0.168**
产业性质	−0.008	−0.118*	−0.049	0.013	−0.086	−0.020	0.025
发展阶段	0.199	0.112	0.083	0.133	0.060	0.041	0.069
解释变量							
TMT 行为整合		0.653***			0.597***		
TMT 商业联系			0.477***			0.399***	
TMT 政治联系			0.201**			0.192**	
TMT 中庸思维				0.596***			0.470***
调节变量							
环境动态性					0.299***	0.284***	0.368***
环境复杂性					−0.057	−0.003	−0.059
交互作用							
行为整合 * 环境动态性					0.193***		
行为整合 * 环境复杂性					−0.162**		
商业联系 * 环境动态性						0.013	
商业联系 * 环境复杂性						−0.078	
政治联系 * 环境动态性						0.008	

续表

研究变量	战略双元性						
	模型1	模型2	模型3	模型4	模型5	模型6	模型7
政治联系*环境复杂性						0.011	
中庸思维*环境动态性							0.146**
中庸思维*环境复杂性							−0.368***
R^2	0.055	0.460	0.426	0.407	0.539	0.492	0.516
Adjusted-R^2	0.024	0.438	0.397	0.382	0.503	0.438	0.479
ΔAdjusted-R^2		0.414***	0.373***	0.358***	0.032***	−0.015	0.029**
Model F	1.789	20.652***	14.832***	16.591***	15.191***	9.198***	13.861***

注：①表中所标系数为标准化回归系数β值。
②*** 表示显著性水平 $p<0.01$，** 表示显著性水平 $p<0.05$，* 表示显著性水平 $p<0.1$。
③各个回归模型的D.W.值均接近2，方差膨胀因子（VIF）小于10。

五、结果讨论与建议

（一）研究结论

本文将双元性理论延伸到战略领域，并探讨了高管团队行为整合、社会资本（商业联系和政治联系）、中庸思维对战略双元性的影响，以及环境动态性和复杂性对上述影响的调节作用。研究结果表明：①高管团队的行为整合、社会资本（商业联系、政治联系）、中庸思维对战略双元性具有显著的正向影响作用。②环境动态性显著增强了行为整合、中庸思维与战略双元性之间的关系；而环境复杂性显著弱化了行为整合、中庸思维与战略双元性之间的关系。

本文从高管团队内部的运作机制——行为整合、外部联系——商业联系、政治联系、认知——中庸思维这三个角度刻画高管团队的特征，为研究高管团队特征提供了新的视角；本文立足于中国转型经济背景，研究了中国本土企业的高管团队特征与战略双元性的关系。

（二）研究不足与展望

本文不可避免地存在一些不足，需要在今后的研究中逐步完善：首先，受调查对象的制约，样本量较小；其次，作为组织战略双元性应该集中体现探索性创新与开发性创新之间复杂互动与协调匹配的动态过程，本文以调查问卷的方式获取的是横截面数据，从静态的角度加以分析。今后可以扩大调查规模获得更大的样本，以研究本文结论的实用性，也可以针对某一个行业或地区比较进行实证研究，了解高管团队行为整合、社会资本、中庸思维对组织战略双元性的影响。同时，后续研究可以从一个时间（纵贯）历程中对处在转轨期企业组织的战略双元性演变进行检验，有助于深化理解制度转型期企业战略导向与战略行为所表现出的特质。

〔参考文献〕

[1] Acquaah M.. Managerial Social Capital, Strategic Orientation and Organizational Performance in an Emerging Economy. Strategic Management Journal, 2007, 28 (12).

[2] Cull Robert, Lixin Colin Xu. Institutions, Ownership and Finance: The Determinants of Profit Reinvestment among Chinese Firms. Journal of Financial Economics, 2005 (2).

[3] Davidson P., Honig B.. The Role of Social and Human Capital among Nascent Entrepreneurs. Joural of Business Venturing, 2003 (18).

[4] Dess G. G., Beard D.W.. Dimensions of Organizational Task Environments. Administrative Science Quarterly,

1984（29）.

［5］Eisenhardt K. M., Bourgeois L. J.. Politics of Strategic Decision Making in High-Velocity Environments: Toward a Midrange Theory. Academy of Management Journal, 1988（31）.

［6］Gabbay S. M., Leenders R.. CSC: The Structure of Advantage and Disadvantage. In R. Leenders, S.M. Gabbay（eds）, Corporate Social Capital and Liability: 1-14. Boston: Kluwer Academic Press, 2002.

［7］Hambrick D. C.. Corporate Coherence and The Top Management Team. Harvard Business School Press, 1998.

［8］Hambrick D. C.. Top Management Groups: A Conceptual Integration and Reconsideration of The Team Label. In B. M. Staw & Cummings L. L. (eds.), Research in Organizational Behavior, 1994（16）.

［9］He Z. L., Wong P.. Exploration vs. Exploitation: An Empirical Test of The Ambidexterity Hypothesis. Organization Science, 2004（15）.

［10］Jansen J. J. P., Van Den Boach F. A. J., Volberda H. W.. Exploratory Innovation, Exploitative Innovation, and Performance: Effects of Organizational Antecedents and Environmental Moderators. Managements Science, 2006, 52（11）.

［11］Kollmann T., Stockmann C.. Antecedents of Strategic Ambidexterity: Effects of Entrepreneurial Orientation on Exploratory and Exploitative Innovations in Adolescent Organizations. Int. J. Technology Management, 2010（52）.

［12］Lubatkin M. H., Simsek Z., Yan L., Veiga J. F.. Ambidexterity and Performance in Small-to Medium-Sized Firms: The Pivotal Role of Top Management Team Behavioral Integration. Journal of Management, 2006, 32（5）.

［13］Luo, Rui. An Ambidexterity Perspective Toward Multinational Enterprises from Emerging Economics. Academy of Management Perspectives, 2009（11）.

［14］O'Reilly C., Tushman M.. Ambidexterity as a Dynamic Capability: Resolving the Innovator's Dilemma. Research in Organizational Behavior, 2008（28）.

［15］Raisch S., BirkinShaw J., Probst G., Tushman M. L.. Organizational Ambidexterity: Balancing Exploitation and Exploration for Sustained Performance. Organizational Science, 2009, 20（4）.

［16］Rowley T., Behrens D., Krackhardt D.. Redundant Governance Structures: An Analysis of Structural and Relational Embeddedness in The Steel and Semiconductor Industries. Strategic Management Journal, 2000（21）.

［17］Sidhu J., Volberda H., Commandeur H.. Exploring Exploration Orientation and Its Determinants: Some Empirical Evidence. Journal of Management Studies, 2004（41）.

［18］Siegel P. A., Hambrick D.. Business Strategy and The Social Psychology of Top Management Teams. Advances in Strategic Management, 1996（13）.

［19］Simsek Z.. Organizational Ambidexterity: Toward a Multilevel Understanding. Journal Management Studies, 2009（46）.

［20］Straw B. M., Sandelands L. E., Dutton J. E.. Threat-rigidity Effects in Organizational Behavior: A Multilevel Analysis. Administrative Science Quarterly, 1981（26）.

［21］陈建勋, 凌媛媛, 刘松博. 领导者中庸思维与组织绩效: 作用机制与情境条件研究. 南开管理评论, 2010, 13（2）.

［22］陈伟民. 高管团队人口特征、社会资本和企业绩效. 郑州航空工业管理学院学报, 2007, 25（2）.

［23］邓新明. 我国民营企业政治关联、多元化战略与公司绩效. 南开管理评论, 2011, 14（4）.

［24］杜兴强, 曾泉, 杜颖洁. 关键高管的政治联系能否有助于民营上市公司打破行业壁垒. 经济与管理研究, 2011（1）.

［25］李剑力. 不确定环境下探索性和开发性创新的平衡与企业绩效关系研究. 中国科技论坛, 2009（1）.

［26］陆红英, 董彦. 高管团队社会资本量表开发及信效度检验. 经济论坛, 2008（9）.

［27］王宇, 余蓉. 外部环境复杂性和敌意性对上市公司战略变化的影响. 企业管理, 2008（8）.

［28］王珍义, 苏丽, 陈璐. 中小高新技术企业政治关联与技术创新: 以外部融资为中介效应. 科学学与科学技术管理, 2011, 32（5）.

［29］巫景飞, 何大军, 林昺等. 高层管理者政治网络与企业多元化战略: 社会资本视角——基于我国上市公司面板数据的实证分析. 管理世界, 2008（8）.

[30] 吴佳辉，林以正. 中庸思维量表的编制. （台北）本土心理学研究，2005（24）.

[31] 徐强，魏泽，李垣等. 高管团队特征与战略变化关系的理论分析框架研究. 西安交通大学学报（社会科学版），2009，29（1）.

[32] 杨鹏鹏，万迪昉，梁晓莉. 企业家社会资本及其与企业情报竞争力关系的实证研究. 情报杂志，2005（7）.

[33] 姚振华，孙海法. 高管团队行为整合的构念和测量：基于行为的视角. 商业经济与管理，2009（12）.

[34] 于林，赵士军，陈倩. 高层管理团队隐性人力资本研究. 工业技术经济，2011（2）.

[35] 余明桂，潘红波. 政治关系、制度环境与民营企业银行贷款. 管理世界，2008（8）.

[36] 张平. 国外高层管理团队研究综述. 科技进步与对策，2006（7）.

[37] 朱振伟，金占明. 战略决策过程中决策、决策团队与程序理性的实证研究. 南开管理评论，2010，13（1）.

The Impact of Top Management Team on Strategic Ambidexterity

Wang Yimin　　Miao Xiaomei

(Shandong University School of Management, Jinan　250100)

Abstract: Base on the research of relevant literatures, we extend the ambidexterity to strategic areas. This paper supposed a conceptual model between TMT and strategic ambidexterity. This paper identified behavioral integration, social capital and golden-mean thinking of TMT. By the questionnaire and empirical analysis, the paper draws some conclusions as follows: a) The TMT behavioral integration, social capital and golden-mean thinking have positive effects on strategic ambidexterity. b) Environmental dynamism positively moderates the relationship between TMT behavioral integration and strategic ambidexterity, and the relationship between TMT golden-mean thinking and strategic ambidexterity. Environmental complexity negatively moderates the relationship between TMT behavioral integration and strategic ambidexterity, and the relationship between TMT golden-mean thinking and strategic ambidexterity. The main contributions of this paper are that we explore the Chinese Tats' impact on strategic ambidexterity, which is different from the Western context.

Key Words: Top Management Team; TMT Behavioral Integration; TMT Social Capital; Golden-mean Thinking; Strategic Ambidexterity

【战略管理】

中国垂直行业 B2B 大宗商品交易市场的研究

——基于多案例比较分析

佘镜怀　邢晓彤

(首都经济贸易大学工商管理学院，北京　100070)

[摘　要] 大宗商品交易在中国流通市场，特别是原材料行业垂直行业 B2B 交易市场发挥着重要作用。本文基于经济学理论和我国垂直行业 B2B 大宗商品交易市场现状，选取 3 家具有代表性的交易市场运营商作为案例样本，展开多案例分析比较，归纳出我国原材料行业垂直行业 B2B 大宗商品交易市场运营商从信息服务到交易服务，再到其他增值服务的资源整合的一般发展规律，为我国规范相关市场提供政策参考。

[关键词] 垂直行业；B2B 交易市场；案例研究

一、引　言

B2B 电子交易市场是基于互联网技术，允许众多买家和卖家交换产品或服务信息、进行在线交易、获得增值服务的电子平台中介机构 (Hadaya，2006)。面向 B2B 电子交易市场应用，也就是所谓的电子中介、电子市场做市商、电子商务枢纽等，呈现出巨大的增长态势 (Hazra，2004)。而垂直行业 B2B 电子交易市场则一般聚焦于一个或某几个特定相关行业的 B2B 电子交易市场。大宗商品是指可进入流通领域，但非零售环节，具有商品属性，用于工农业生产与消费使用的大批量买卖的物质产品，主要包括能源产品、基础原材料和大宗农产品等。

由于我国垂直行业 B2B 电子交易市场缺乏完善的外部环境和内部制度缺陷，导致在近年来的快速发展中出现了一系列严重的问题，如操纵价格、挪用客户资金、交易所与客户对赌等现象，从而引发了社会各界对 B2B 电子交易市场发展的担忧。归根到底这些问题主要是 B2B 交易市场的盈利模式受限所导致的发展畸形。

因此，本文首先通过文献综述方法对垂直（原材料）行业 B2B 电子交易市场的相关理论进行梳理；其次，应用多案例分析法对我国垂直行业 B2B 电子交易市场，特别是原材料行业的业务特征及其盈利模式等进行深入的分析；最后，应用比较分析法进行多案例综合比较，从而归纳出我国垂直行业 B2B 电子交易市场的发展趋势，为我国垂直行业 B2B 电子交易市场的健康发展提供参考意见。

[作者简介] 佘镜怀 (1969—)，广东人，首都经济贸易大学工商管理学院院长助理、副教授，研究方向为信息化、电子商务；邢晓彤，首都经济贸易大学工商管理学院硕士研究生。

二、理论与方法

任何经济现象的出现和兴起都会激发应用现有的经济理论对其进行解释和理解，这也是经济理论能推陈出新的原动力。我们尝试从经济学理论和电子商务平台理论以及实证文献两个方面阐述垂直行业 B2B 电子交易市场的理论基础。

（一）经济学理论

经济学理论尤其是市场流通和交易理论是研究垂直行业 B2B 电子交易市场的理论基础。

交易成本，是指获得准确市场信息所需要的费用，以及谈判和经常性契约的费用。也就是说，交易成本由信息搜寻成本、谈判成本、缔约成本、监督履约情况的成本、可能发生的处理违约行为的成本构成。垂直行业 B2B 电子交易市场正是围绕交易费用节约而构建并得以进一步发展，形成各种交易组织和市场协调体制。

斯蒂格勒（1961）指出，信息经济学在不完全信息下，消费者购买的商品价格受到价格分布和消费者搜寻成本的影响，在不完全信息下，同样商品之间的实际售价可能不同，而在完全信息下，同样商品之间的价格偏差将接近于零。垂直行业 B2B 电子交易市场通过各种媒体和发布各种交易信息力图创建完全信息的条件，从而让各交易组织减小因信息不对称而造成的损失。

波特（1985）提出了价值链概念并认为决定一个企业盈利能力的关键是看企业是否能攫取其为买方创造的价值，或是否能确保这种价值不被别人获取。彼此互相依存的商业网络构成了一条因果价值链，这种相互性对于提升价值创造具有非常重要的意义（Hoh、Eriksson 和 Johanson，1999），垂直行业 B2B 电子交易市场是行业价值链的最佳诠释。

（二）电子交易市场理论

垂直行业 B2B 电子交易市场是基于互联网技术，允许众多买家和卖家交换产品或服务信息、进行在线交易、获得增值服务的电子平台中介机构（Hadaya，2006）。具体有关理论可以从分类、中介机制、交易机制和电子交易市场的价格发现四个方面阐述。

1. 分类

Dai 和 Kauffman（2002）运用价格形成模式和供应商选择模式把电子市场分为封闭型聚集、开放型聚集、封闭型谈判和公开投标。Skojott-Larsen 等（2003）将电子市场类型分为水平型电子市场和垂直型电子市场。垂直型电子市场为某一特定的垂直化电子市场提供服务，或是专注于某一行业市场，如化工、电子、宽带等，这类市场主要集中于行业实践或使公司间的商业流程自动化（Gipson 等，1999）。

2. 中介机制

Bakos（1998）把电子商务平台视为能够为市场发现价格信息、交易处理提供方便而且还能提供制度性框架的中介；或者通过电子化手段，电子商务平台在网络上提供了虚拟交易的空间。

3. 交易机制

电子商务平台主要通过两种不同的机制来产生价值：聚集机制和匹配机制。聚集机制把大量交易者汇集到一个虚拟平台上，通过提供"一站式"服务降低交易成本。匹配机制在如下环境中能很好地发挥作用：①产品无须验货就能交易。②交易量比交易成本大得多。③交易者能够熟练运用动态定价机制。④企业通过实施采购抹平供需的波峰和波谷。⑤物流可以通过第三方实现。⑥需求和价格是不断波动的。

Saeed 和 Leith（2003）将风险描述为三个维度：交易风险、安全风险和隐私风险。安全风险和隐私风险是电子市场上特有的,安全风险主要源于认证和数据丢失,隐私风险主要包括不恰当的信息收集和未授权的信息公开。

4. 电子交易市场的价格发现

刘晓雪和王沈南(2009)的研究则揭示了电子交易市场和期货市场之间具有竞争互补的关系,两者构成的联合价格信号不仅与现货价格形成长期均衡机制,而且这种均衡关系对现货价格形成具有显著影响,对现货价格有更强的解释力,这是期货价格和远期价格都无法实现的。

综上所述,垂直行业B2B电子交易市场的产生和发展不仅具有坚实的理论基础,也有了初步的实证研究的支撑;事实上,本文所关注的我国行业垂直B2B电子交易市场发展在交易机制和风险控制方面出现的问题也验证了上述理论。

(三) 假设

2008年我国B2B电子商务运营商营业收入规模为55.4亿元,增长34.1%,艾瑞咨询集团预计2012年将会增长到152.3亿元(见图1)。易观国际公司(2008)发布的《中国垂直B2B市场系列专题报告2008——原材料行业》显示,原材料行业垂直B2B在数量上占据国内垂直行业B2B的12.4%,但从收入规模上看,2007年原材料行业垂直B2B的总收入达到了1.9亿元,占据了整个垂直B2B市场的51%。可以说,原材料行业垂直B2B是目前所有垂直行业B2B中发展最好、最活跃的市场。2011年,原材料垂直行业B2B的市场规模达到10.5亿元人民币,占垂直B2B市场总体规模的50.4%(见图2)。

基于以上理论与实证研究,结合我国垂直行业电子交易市场的现状及发展趋势,对垂直行业B2B电子交易市场提出以下假设:

假设1:垂直行业B2B电子交易市场是B2B电子交易发展的必然趋势,各交易市场的生存和发展必定是在一定的市场环境下,与市场运营主体的原来业务有必然联系,或者说是原有业务的一种延伸,因此,现阶段各垂直行业B2B电子交易市场呈现出不同的业务模式和盈利模式。

假设2:垂直行业B2B电子交易市场的盈利模式的发展从以信息提供为主,逐渐过渡到提供交易服务,最终强调对电子商务的整合应用,即将信息流、物流和资金流同时整合到一个平台上,帮助用户实现在线交易,也就是说,各垂直行业B2B电子交易市场最终的发展具有趋同性。

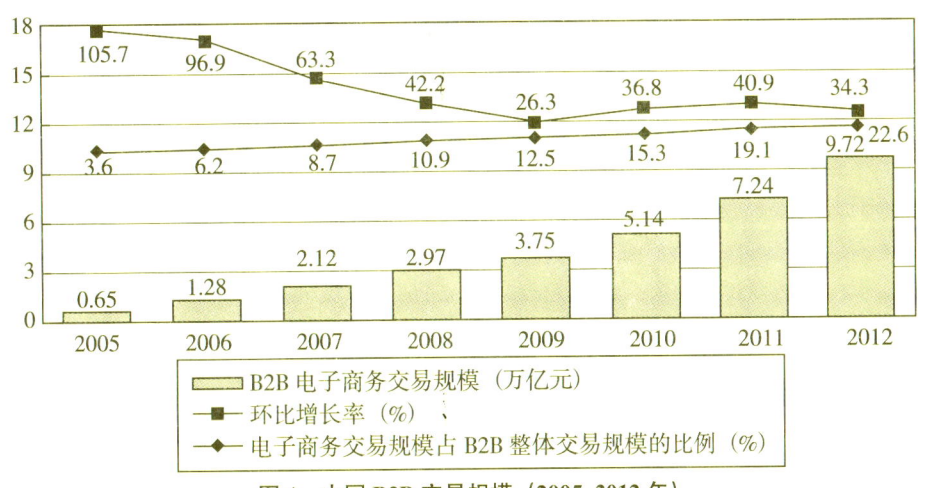

图1 中国B2B交易规模(2005~2012年)

注:市场规模为通过电子化方式在企业间交易的货物、服务或信息价值的总额(贸易中任何一个环节采用了电子化形式,即认为成交的该笔贸易额为B2B电子商务交易额,不论贸易的支付方式是离线完成还是在线完成)。

资料来源:参考国家统计局、海关总署宏观数据,根据艾瑞统计预测模型核算及预测数值。

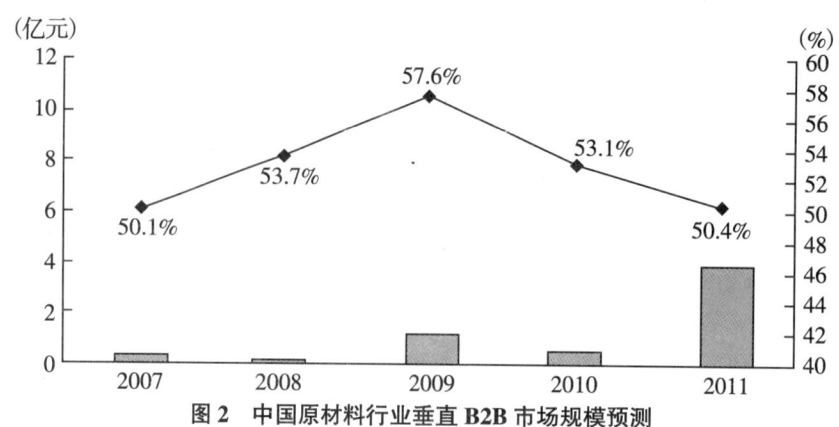

图2 中国原材料行业垂直B2B市场规模预测

资料来源：易观国际公司（2008）。

三、研究设计

（一）研究样本

为了研究垂直行业B2B电子商务交易市场，选择原材料行业的典型企业：我的钢铁网、兰格集团公司和金银岛（北京）网络科技股份有限公司。它们分别代表中国最有影响的钢铁信息服务、交易服务和钢铁仓单交易的典型代表。

（二）数据

案例研究的证据一般来源于文件、档案记录、访谈、直接观察、参与性观察和实物证据6种渠道，使用多种来源的资料，并形成其与问题、结论间的证据链是提升案例研究质量的重要途径（Yin，1994）。因此，我们注重通过各种渠道来收集研究数据。主要有一是搜索引擎网站检索和案例门户网站查阅；二是引用学者论文数据和第三方市场调查机构的调查成果；三是通过与典型案例公司的领导人当面交流，由其公司提供相关的数据。

四、案例分析

（一）我的钢铁网（www.mysteel.com）

我的钢铁网（以下简称钢铁网）是中国钢铁及相关行业商业信息服务页面访问量最大、网站用户量最多、网站访问时间最长的垂直行业B2B电子平台。

1. 案例背景

成立于2000年的钢铁网专注于以钢铁及相关行业信息服务为基础的B2B电子商务服务，向用户提供钢铁行业及与钢铁行业关系密切的能源、矿业和有色金属等行业的市场基础信息和行业深度研究服务，并在此基础上向客户提供企业宣传推广、商情发布和搜索、会务培训等增值服务。

2. 案例描述

钢铁网最初立足于建立一个钢铁行业的第三方交易平台，但在互联网泡沫破裂的2000年，转做起了信息服务。随后，成立了由专业人员组成的研究组，对收集过来的简单价格信息进行分析，形成研究报告。其具体业务和盈利模式如下：

（1）会员制。分为甲级、乙级、专栏会员三大类，会员费分别为5000元/年、3000元/年和

1500元/年。除了资讯服务,其电子商务也采取会员制,主要为客户提供资源供应、求购、搜索等商务服务。目前注册会员超过50万人,付费用户达3万多人,在钢铁行业类网站的市场份额已经超过50%。

(2) 搜搜钢。2007年利用其钢铁资讯服务和网络平台,推出了钢铁行业的搜索引擎——搜搜钢,此后升级为电子商务网。电子商务网所采用的会员制只针对卖家,买家可以免费获得信息。而卖家需要每年付费1500元,成为会员,才能发布自己的产品信息。

(3) 资讯增值。还有来自电子商务、研究报告、刊物和会展等方面的收入。研究和咨询业务中,每年收取客户的咨询费;另外利用会员聚集的优势还不定期的举办各种专业会议和会展,从而获得增值服务费。

3. 案例解释

钢铁网从最初的电子交易平台设想的失败转型为信息服务提供,再进一步发展成为综合型的电子商务交易平台,其发展过程体现了我国B2B电子商务平台特别是垂直型B2B电子交易平台发展的历程和阶段。总体而言,虽然钢铁网的交易佣金服务费增长较快,但其比较单一的"会员+广告"盈利模式仍然占据其营业收入的80%以上。

(二) 兰格集团公司 (www.lgmi.com)

相对于钢铁网而言,兰格集团(以下简称兰格)也是起源并得益于专业的钢铁市场资讯提供者,通过提供资讯拥有了广泛的钢铁行业厂商及贸易商的合作伙伴,并为其后继的交易服务的发展提供了基础。

1. 案例背景

成立于1996年的兰格成功打造了从平面媒体到网络媒体,从信息服务到交易服务的钢铁产业服务链,成为唯一一家集钢铁信息平台、现货电子交易平台、中远期电子交易平台三大核心业务于一身的服务系统(见图3)。经过十几年的发展,兰格建立了辐射全国的营销网络,市场覆盖华北、东北、中南、华南、华东等重点区域,在国内几十个城市成立了分支机构和办事处,与30万注册客户建立了稳定的业务关系,成为中国钢铁服务行业的著名品牌。

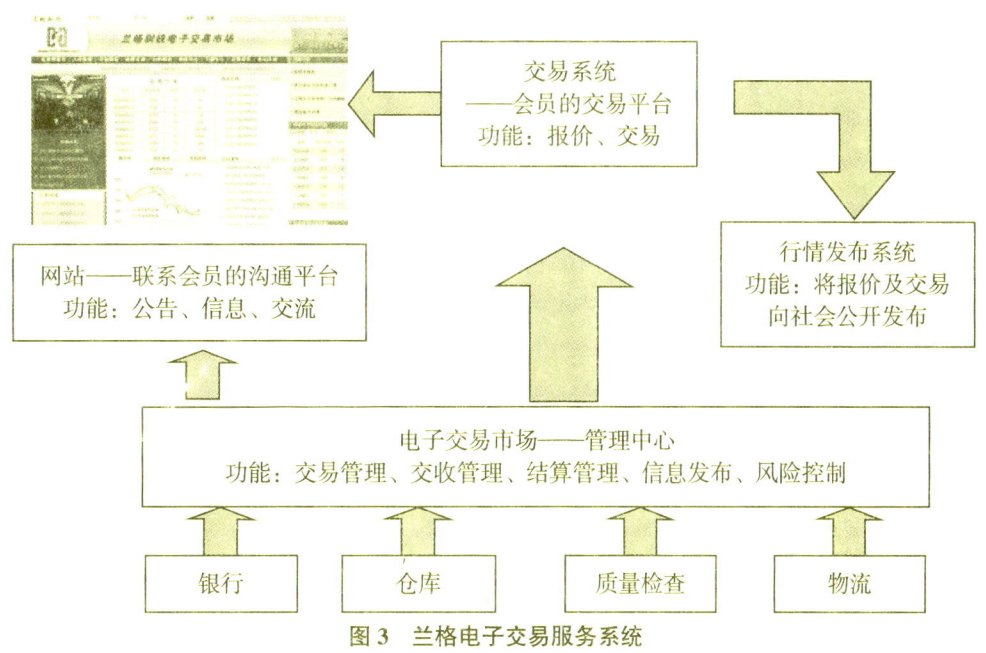

图3 兰格电子交易服务系统

2. 案例描述

（1）兰格的信息服务模式。

1）网站及搜索引擎。向钢铁行业的各企业提供钢铁市场行情、产经资讯、市场分析预测、网络技术等服务，在北京等城市，兰格钢材报价被广泛用做用材单位的结算指导价格。兰格搜钢（www.lgsou.com）为钢铁上下游客户提供现货交易信息服务，可以实现现货资源供应、供应信息、求购信息、招聘信息等信息搜索和发布等服务，为广大钢铁生产、贸易商搭建了一座沟通的桥梁。

2）市场研究。兰格钢铁信息研究中心定期发布《月度研究报告》、《专题研究报告》、《市场预测报告》、《中国钢铁行业年度研究报告》、《市场调查咨询》、《兰格钢铁指数》和《兰格钢铁流通业采购经理人指数（LGSC-PMI）》等，汇总钢铁信息及分析未来钢铁价格的发展趋势。也为客户提供市场调查咨询、企业决策等专项服务。

3）增值业务。采用手机短信和每日电邮业务，把钢铁信息及时传递给客户，使客户随时掌握钢铁市场信息。同时还推出网站建设、平面设计服务，为客户提供公司推广和门户网站设计。

（2）兰格的盈利模式。

1）网络服务收入。包括广告费、搜索费和网站服务费等。根据网页位置和区域大小等收取不同的广告制作发布费。搜钢网为会员提供了专享采购商推荐服务、搜索排名靠前服务、专享即时洽谈工具服务等一系列的服务手段。此外，兰格为会员提供网站建设套餐服务，收取服务费。兰格还为客户提供虚拟空间，向客户收取虚拟空间租赁费。

2）会员信息服务年费。钢铁资讯平台根据不同的用户免费或收取信息服务费，并提供月度报告、营销数据、近期统计数据、专家市场分析等增值服务，以此收取服务年费。还通过短信信息服务，收取信息服务费。为客户提供多种应用系统（如企业 MIS、ERP、SAP 等）、多种增值网络（如外贸 EDI 增值网、海关 EDI 增值网、商检 EDI 增值网等）之间的商业信息交换，收取信息交换服务费。

（3）交易服务。

1）中远期电子交易（www.hbh-steel.com）。以现货为基础，以互联网为流通载体，借助电子商务技术，在高度专业化、规范化的电子交易平台上，利用电子交易操作软件，买卖双方在规定的时间内，对标准钢材产品的电子合同进行集中交易，并通过银行第三方监管进行资金划转、通过仓储物流系统进行规范化交收的交易模式。具体交易流程如图 4 所示。

2）现货交易（www.trade.lgmi.com）。通过应用计算机和互联网技术将钢铁产品从生产厂出厂后到达终端用户前整个流通链上的各个环节的服务集成一体，提高钢铁产品的流通效率，降低流通成本，为钢厂、经销商以及用户创造价值。主要包括竞卖销售、招标采购和询价采购三种模式。

（4）盈利模式。

1）交易手续费。交易商在市场交易中对电子合同的签订、转让、交收等所产生的费用。交易商进行交易时，按当日成交数量及市场公布的收费标准向市场交纳交易手续费。

2）金融服务费。兰格钢铁网与国内商业银行进行合作，为企业间的资金融通提供服务，使银行资金与企业物流有机结合，为广大贸易企业提供便利的融资服务，解决了企业融资难、担保难的问题。

3. 案例解释

2008 年后，由于许多钢铁电子交易市场出现了大量的投机行为，导致投资者纷纷退出和市场萎缩，市场日均成交量急速下降到 10 万吨左右（见图 5、图 6 和图 7）。而兰格 95% 的交易商为专业贸易商，参与投机的少；价格走势波动不剧烈，基本反映市场现货走势，市场管理也规范，所以，兰格呈现出逆势发展的局面，截至 2009 年 12 月，日均交易量已经达到了 16.8 万吨。自 2006 年开办中远期电子交易以来，其市场份额已由 2006 年 12 月的 1.1% 增长到 2008 年的 10%。

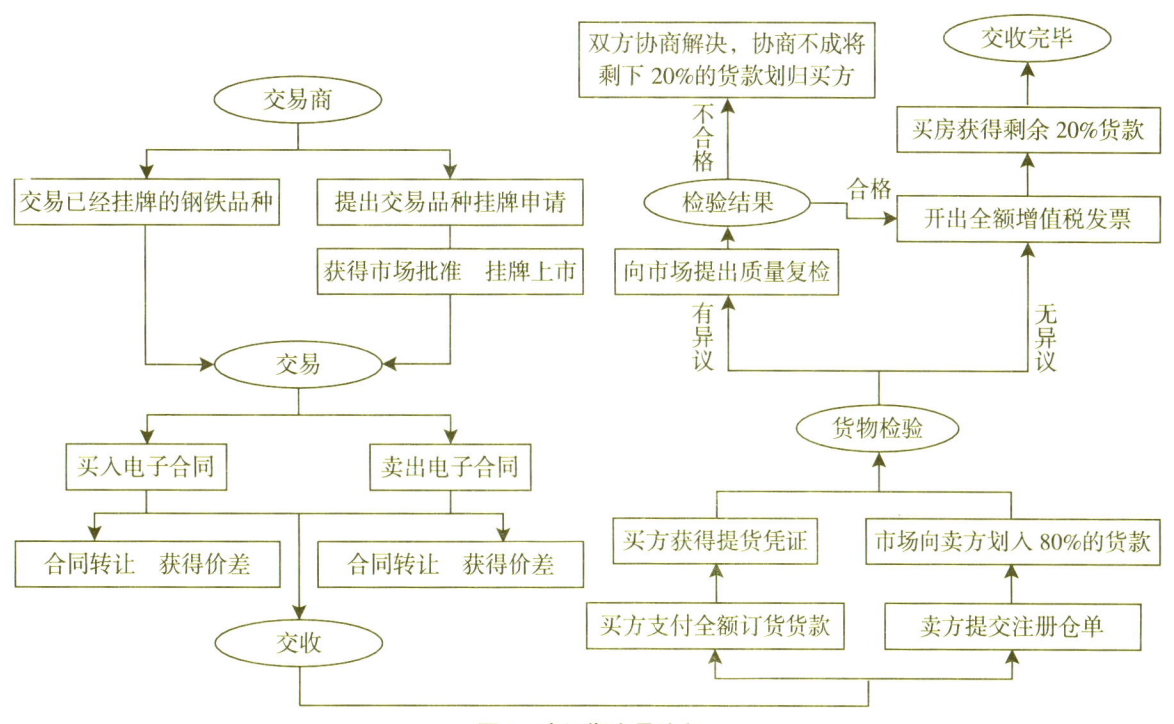

图4 中远期交易流程

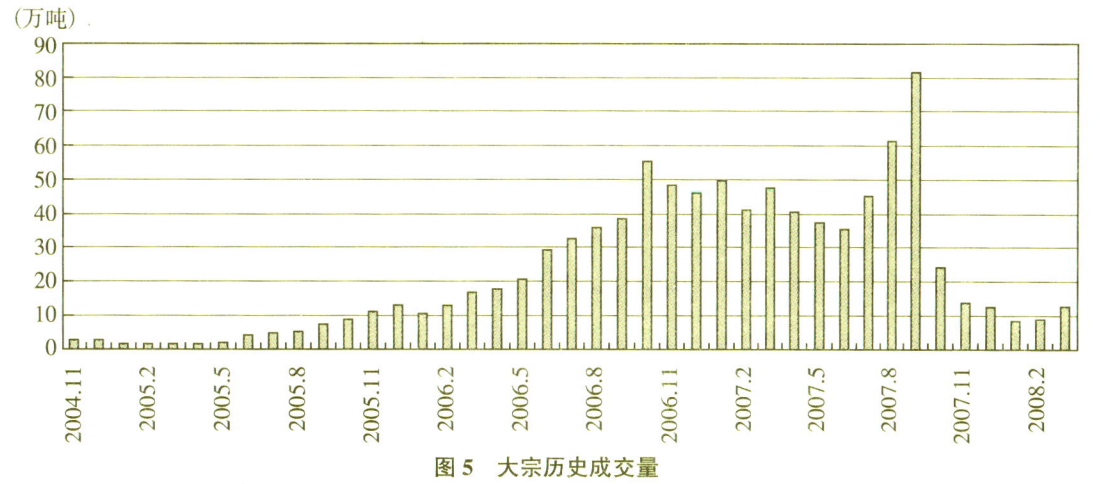

图5 大宗历史成交量

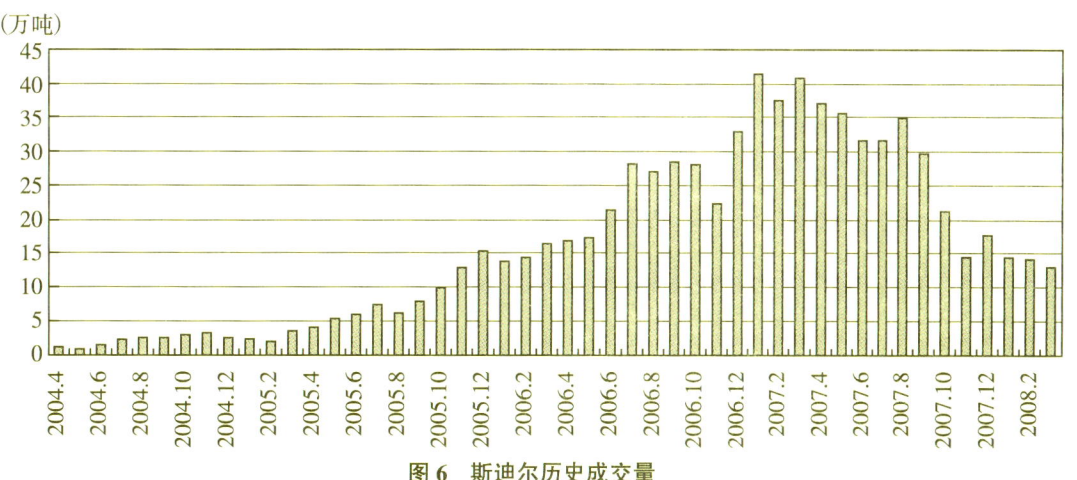

图6 斯迪尔历史成交量

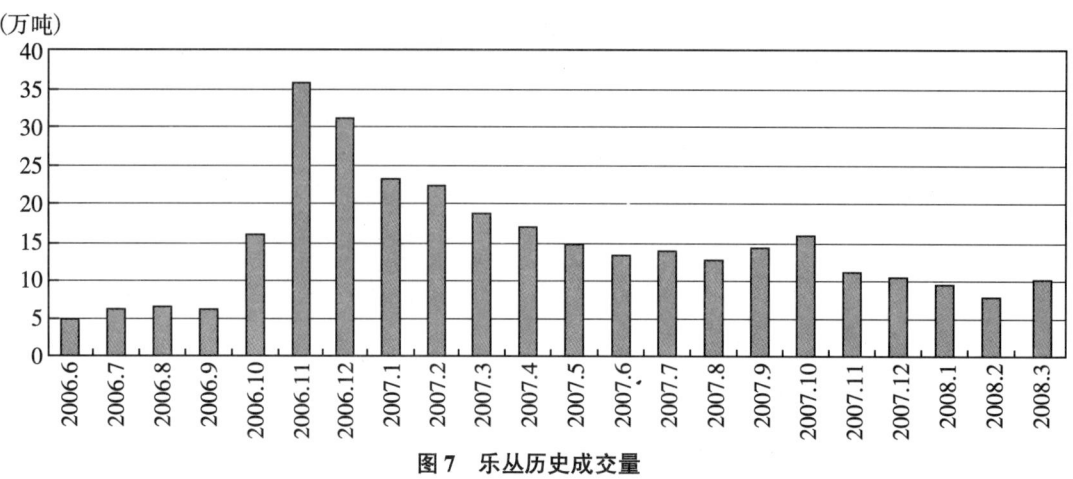

图7 乐丛历史成交量

兰格是由专业提供钢铁市场资讯发展起步，逐渐发展到提供中远期电子交易平台，再到现货交易平台。从信息服务到交易服务再到其他增值服务，其盈利模式也相应逐渐从信息服务费、会员费到交易佣金和增值服务费。其稳健的盈利模式不仅体现了兰格钢铁的发展模式，也体现了我国大宗商品交易市场发展的演进过程。

（三）金银岛（北京）网络科技股份有限公司（www.315.com.cn）

相对于兰格钢铁强势的资讯服务，金银岛（北京）网络科技股份有限公司（以下简称金银岛）在现货交易方面推出了具有创新意义的"硬信用"交易模式，为我国大宗商品电子交易市场的发展提供可供参考的信用机制保障。

1. 案例背景

成立于2004年的金银岛专注于大宗产品电子商务，涉及的大宗产品类别涵盖了石油、化工、钢铁等10余类。为大宗产品产业链的各方参与者提供内参资讯、现货交易、在线融资等全方位的电子商务解决方案。目前，金银岛已经拥有近60余万家注册企业会员，在全国拥有12家分公司，已成为大宗产品电子商务领域的领导品牌。

2. 案例描述

（1）服务模式。主要为信息资讯服务、在线交易服务和全套解决方案服务。

信息资讯服务是指用户在网站平台上发布供求信息收取费用；在线交易服务是用户可通过该平台直接实现在线交易，提供匿名竞价、配套的监管及物流服务等来收取在线佣金；全套解决方案服务是为用户提供全套电子商务解决方案。

（2）仓单交易模式。即卖方在网站系统里挂盘，输入当天的销售价格，买方自行选择购买。当买家选择好商品后，将商品需要支付的金额转账到金银岛作为交易佣金，而金银岛通过"交易资金银行监管系统"对资金进行监管。然后，卖家发货，由物流公司将货物变成提单货仓单，买家收货。这样，实现物流和资金流同时交换。即所谓的"硬信用"机制。具体如图8所示。

（3）盈利模式。金银岛提供给客户一个金字塔结构的服务和倒金字塔的盈利模式（见图9）：低层通过提供行业资讯服务收取会员费；中间为现货交易平台，从交易中收取佣金；上层则是提供上述全部服务，收取方案提供服务费。

3. 案例解释

金银岛的收入主要包括资讯费、广告费、交易佣金和供应链融资费，其中后两部分的营业收入占全部收入的80%。自成立起，金银岛通过推出"硬信用"网上交易机制为其后续快速发展提供坚定的保障基础，可以说是交易机制的创新带动了交易规模的扩张，这很好地诠释了有关经济学理论和电子交易平台理论。

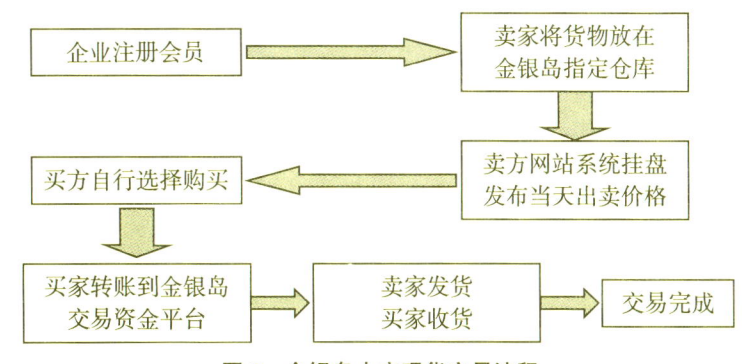

图8 金银岛大宗现货交易流程

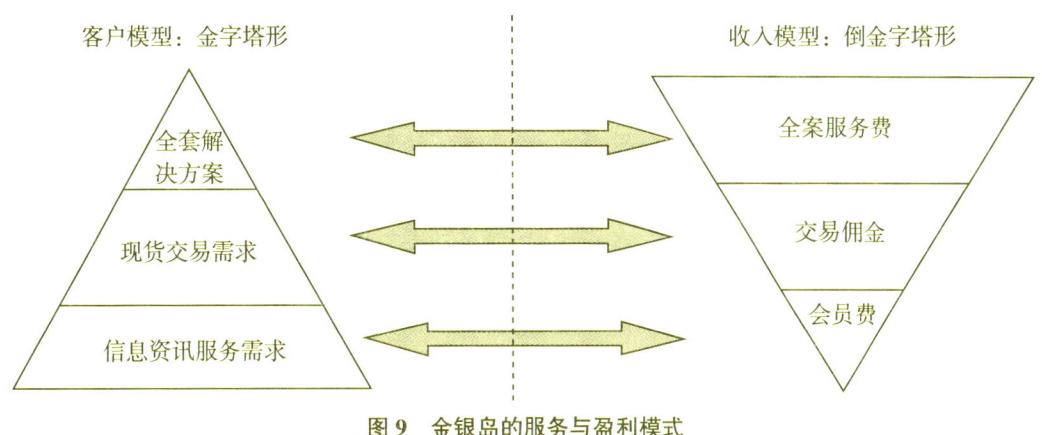

图9 金银岛的服务与盈利模式

五、研究结果与讨论

本文基于经济学理论和电子交易平台理论，结合兰格钢铁和金银岛这两个可以说是我国大宗商品电子交易市场发展缩影的案例，对案例进行整合分析（见表1），探讨我国大宗商品电子交易

表1 多案例整合分析

比较项目	我的钢铁网	兰 格	金银岛
成立时间	2000年	1996年	2004年
产品行业	钢铁行业	钢铁行业	石油、化工和钢铁等十余类行业
业务模式	1.信息服务：网站广告及搜索引擎；市场研究；其他增值服务 2.交易服务：远期现货交易服务	1.信息服务：网站广告及搜索引擎；市场研究；其他增值服务 2.交易服务：中远期交易服务；现货交易服务	1.信息服务：网站广告；内参资讯 2.交易服务：现货交易 3.金融服务（在线融资）
主要交易模式	远期现货	中远期现货为主，现货交易为辅	即时现货为主，长协和大宗零售为辅
盈利模式	1.会员费 2.广告费 3.交易佣金	1.会员费 2.信息费 3.广告费 4.交易佣金	1.信息费 2.广告费 3.交易佣金 4.金融服务费
发展策略	成为全国乃至全球最大的钢铁门户网站	打造钢铁行业的最佳网络平台	成为全国乃至全球领先的大宗产品电子商务平台

市场发展的规律，并为其他大宗商品电子交易市场的发展提供参考，也为进一步规范、管理该类市场提供政策依据。

综上所述，通过对比我的钢铁网、兰格钢铁和金银岛三个案例，得出以下结论：

（一）垂直行业 B2B 电子交易市场的生存和发展必须立足于市场运营主体的原有优势

如钢铁网和兰格拥有信息服务优势，而金银岛拥有创新的"硬信用"交易机制优势，后进入的电子交易市场具有一定的后发优势。因此，未来垂直行业 B2B 电子交易市场的竞争必将以市场细分为主，在体现各自服务纵深发展的同时，也将体现业务模式和盈利模式的多样化。这也就证实了假设 1。

（二）垂直行业 B2B 电子交易市场遵循信息服务—交易服务—金融等增值服务的发展模式

如钢铁网和兰格是从信息到交易等顺序发展，而金银岛则是从交易向信息和金融服务两端延伸。如果说第一代电子交易市场以信息服务或交易服务为主的话，那么，第二代电子交易市场将强调电子商务的逐渐整合应用，它将信息流、物流和资金流逐渐整合到一个服务平台上。支持了假设 2。

（三）垂直行业 B2B 电子交易市场都还没有实现整个供应链的资源整合服务模式

包括钢铁网、兰格钢铁和金银岛都没有覆盖到物流配送等领域，主要通过与第三方物流公司合作。因此，资源整合的原材料电子交易市场应该是所有垂直行业 B2B 电子交易市场发展的成熟阶段，可以为客户提供全方位的电子商务解决方案，实现贸易每个环节上的资源整合，是垂直行业 B2B 电子商务未来发展的趋势。

〔参考文献〕

［1］Hadaya P.. Determinants of the Future Level of Use of Electronic Marketplaces: The Case of Canadian Firms. Electronic Commerce Research, 2006 (2).

［2］Hazra J., Mahadevan B., Seshadri S.. Capacity Allocation among Multiple Suppliers in an Electronic Market. Production and Operations Management, 2004, 13 (2).

［3］Ronald H. Coase. The Nature of Firm. Ecomonic, 1937.

［4］George J. Stigler. The Economics of Information. Journal of Political Economy, 1961.

［5］Porter M. E.. Competitive Advantage: Creating and Sustaining Superior Performance. New York, 1985.

［6］Hoh B., Eriksson K., Johanson J.. Creating Value Through Mutual Commitment to Business Network Pbelationships. Strategic Management Journal, 1999 (20).

［7］Hadaya P.. Determinants of the Future Level of Use of Electronic Marketplaces: The Case of Canadian Firms. Electronic Commerce Research, 2006 (2).

［8］Hazra J., Mahadevan B., Seshadri S.. Capacity Allocation among Multiple Suppliers in an Electronic Market. Production and Operations Management, 2004, 13 (2).

［9］Dai Q., Kauffman R. J.. Business Models for Internet. Based B2B Electronic Market. International Journal of Electronic Commerce, 2002, 6 (4).

［10］Gipson M., Runett R., Wood L., Clawson P.. The Electronic Marketplace 2003: Strategies for Connecting Buyers and Sellers (Simba Information Inc.), 1999.

［11］Bakos J. Y.. The Emerging Role of Electronic Marketplaces on the Internet. Communications of the ACM, 1998, 41 (8).

[12] Liu Xuemei, etc. Complementation and Competition: The Commodities Market and the Futures Market Endogenous Relationship Dynamics Analysis——Based on Sugar Spot, Forward and Futures Prices of Empirical Analysis, 2009 Beijing Wholesale Forum Proceedings.

[13] iResearch. Development Report of China's B2B e-commerce Industry 2008-2009, 2010 (in Chinese).

Study on Bulk Stock Marketplace of Vertical Industrial B2B in China
——Applying Cross-Case Analysis

She Jinghuai Xing Xiaotong

(School of Business Administration Capital Economics and Business University, Beijing 100070)

Abstract: Vertical B2B transaction market, especially raw materials vertical B2B transaction market, takes an important role in the Chinese circulation market. Based on economic theories and the current situation of Chinese vertical B2B transaction market, this essay firstly selects 3 representative market operators as case samples, secondly carries out cross-case analysis and comparison, finally concludes the common development laws of Chinese vertical B2B transaction market, which form information service to transaction service, then to resources integration of other value-adding service.

Key Words: Vertical Industry; B2B Transaction Market; Cross-case Analysis

【企业战略与创新管理】

海尔集团人单合一双赢模式战略变革案例研究

赵剑波

(中国社会科学院工业经济研究所,北京 100836)

[摘 要] 战略变革是企业保持短期竞争优势和长期生存的重要保障。本文通过对海尔集团的案例研究,重点介绍了海尔目前正在进行的以"人单合一—双赢"经营模式为核心的战略变革过程。本文认为,管理认知是战略变革的核心,企业基于对内外部环境认知和应对的考虑,并在不断学习和互动的过程中完成了战略变革的实施过程。企业对于变革存在着主动性和预见性,其能够就外部变化提前主动做出调整。

[关键词] 战略变革;管理认知;组织学习

在科技变革的宏观背景下,企业创造、传递和获取价值的方式在发生变化。与此相适应,企业战略需要快速做出调整与变革以应对外部环境的变化。战略变革是企业为了获得可持续竞争优势,基于对内外部环境认知和应对的考虑,很多企业都在实施变革或创新。企业对于变革存在着主动性和预见性,其能够就外部变化提前主动做出调整。本文选择海尔集团(以下简称海尔)作为案例研究对象,重点介绍了海尔目前正在进行的以"人单合一—双赢"经营模式为核心的战略变革过程。

一、基于认知视角的战略变革

战略变革的发生受到企业内外部环境变化的影响。由于环境的变迁及自身资源与能力的变化,企业有必要对原有战略进行重大调整和变革。战略变革是企业为了获得可持续竞争优势,根据所处的内外部环境变化,秉承环境、战略、组织三者之间的动态协调性原则,为改变企业战略而发起和实施的系统性过程(陈传明,2004)。

战略变革首先从管理者意识的认知框架开始,对外部环境的认知是变化的内在因素,战略思维形成了战略变革的核心。为了保持良好的组织功能,以及越来越全球化、复杂化的客户需求,提升持续变革情境下的客户满意度,需要从组织文化和管理认知的角度理解组织模式和变革。

战略变革的源起在于企业领导者对于外部环境的认知,确定环境风险,并发动变革计划。Rajagopal 和 Spreitzer (1996) 认为对于环境的管理认知促使了战略内容的变化。在他们提出的战略变革多视角模型中,战略变革的学习模式是将知识作为组织最核心的资源,组织的战略行为表

[作者简介] 赵剑波 (1976—),河北邢台人,中国社会科学院工业经济研究所助理研究员,研究方向:战略管理,技术创新。

本案例在写作过程中得到海尔集团企业文化中心的大力支持,在此表示衷心感谢。除直接访谈外,案例资料主要来自海尔集团企业文化中心主编的《海尔人》周报、《自主经营体研究动态》、《海尔人单合一—双赢模式价值手册》等海尔商业模式及经济理论系列材料。作者在 2012 年第三届比较管理年会上对案例内容进行了宣讲。

现为通过与环境的互动而进行适应性学习,实现知识的不断获取、积累、整合及创新。管理认知指管理主体对外部环境与组织要素及其变化所做的主观性阐释,常与知识结构、核心理念、意义构建、心智模式等概念相联系(刘明明等,2010)。管理认知与战略行动相联系,而战略变革则由战略行动所引发。战略变革的多视角模型如图1所示。

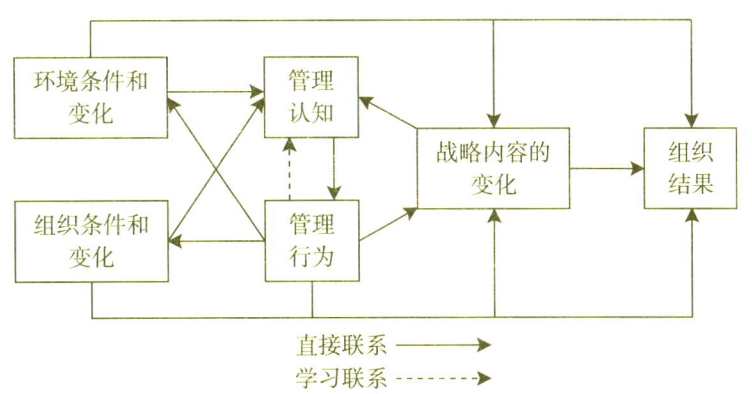

图1 战略变革的多视角模型

企业领导者需要做出战略选择,并培育和发展组织成员对核心价值观的理解。企业需要构建学习型组织,而学习型组织有两个典型的特点,即扁平型组织结构支撑组织信息渠道畅通,意义构建和心智模式鼓励员工创新思维和参与变革。

二、海尔集团战略变革案例研究

(一)海尔集团简介

海尔集团创立于1984年,创业27年来,坚持创业和创新精神创世界名牌,已经从一家濒临倒闭的集体小厂发展成为全球拥有8万多名员工、2011年营业额为1509亿元的全球化集团公司。海尔已连续三年蝉联全球白色家电第一品牌,并被美国《新闻周刊》网站评为全球十大创新公司。今天,无论在国人心目中的形象,还是体现在国际市场上的竞争力,海尔无疑是当代中国企业数一数二的最优秀、最卓越的代表。海尔在中国现代制造业中具有标杆地位,进而成为中华民族工业创造力的象征。

从2009年开始,海尔确定了"人单合一双赢"的经营模式,将用户价值放在了企业战略的核心位置,并对企业的组织结构和流程结构进行了一系列的变革,为其企业战略提供制度保障。

海尔基于对互联网时代的敏锐认知,认为在互联网时代企业生存和发展的权力不取决于企业本身,而取决于用户。用户向企业购买的不再是产品,而是服务,所以企业必须从"卖产品"向"卖服务"转型,而企业要完成由制造到服务的转型,员工必须转型,从听命于上级转向听命于用户。为此,海尔必须改变传统的经营模式,搭建一个能够将用户需求、员工价值自我实现和企业发展有效融合的崭新管理模式,即人单合一双赢管理。

(二)环境条件和变化

1. 互联网时代给企业带来的挑战

在移动互联时代,用户的需求将和互联网紧密结合,体现出个性化的特点,并要求企业不断创造出新的用户需求。生产方式将从大规模制造向大规模定制变化,企业不再是将规模生产的产品卖给用户，而是根据用户的需求灵活制造并安排生产。技术创新的路径充满不确定性，因为科技革命将带来更多的突破性创新的可能。

在创造客户价值方面，互联网时代和传统经济时代有非常大的不同。因为，互联网时代，营销的碎片化带来客户价值和用户需求的个性化。社交网络和移动服务的发展进一步加快了这个步伐，给企业带来全新的挑战。在传统经济时代，信息不对称的主动方在企业。企业推出什么产品，宣传什么产品，这个产品就会卖出去，用户本质上是被动接受。但是在互联网时代，信息不对称的主动方变成了用户，用户在互联网上看到所有的产品信息，他来决定要哪个产品，企业变成了被动方。

所以互联网带给企业的挑战，就是怎么解决信息不对称的问题，即企业了解用户到底要什么，而用户又会在选择的时候，保证选择到好的产品，这对企业的挑战非常大。中国作为一个制造大国，面临的挑战就是怎样从大规模制造转变成大规模定制。所以，海尔这几年来一直在探索一个能够适应互联网时代竞争的商业模式。

2. 利润空间挤压企业的价值链边界

从20世纪后期开始，由于城市市场趋于饱和，家电产品供大于求的矛盾日益突出，特别是中国加入世界贸易组织以来，众多跨国知名家电企业凭借先进的技术优势和品牌知名度，开始大规模进入中国市场，使得我国家电行业的竞争日趋白热化。与此同时，在上游成本增加和下游流通企业的双重压力下，整个行业利润率快速下降，平均水平不足5%，电子信息类产品的利润率甚至低于1%，"如刀片一般薄"的利润空间对国内家电生产企业的生存发展造成了严峻挑战。价格战虽然可以在短时间内消化库存，提升市场份额，却可能伤害企业持续创造价值的能力，影响整个行业的健康发展。这种竞争模式是不折不扣的零和博弈：一方面，日益离谱的价格导致消费能力和消费意愿的下降，对企业未来的市场规模和质量产生不利影响；另一方面，挤压供应商的盈利空间导致供应商创新乏力，企业上游成本下降的空间也将受到限制。这一切终将反作用于企业，影响企业的长远发展。

价值战略的核心在于价值创造而非价值分配。企业所创造的价值，一方面源于其为用户创造的价值，另一方面则来自其为供应商创造的价值。企业的价值创造应当拓展整个价值链的边界，只有将价值链的"蛋糕"做大，企业才能分到更多的"蛋糕"。换言之，价值创造是价值分配的前提，如果抛开这个前提，那么对价值分配的探讨将远离价值战略的本质。

因此，海尔开始围绕整个行业的全流程价值链进行思索和探讨，着眼于提升购买方获得的价值即用户价值，最大程度发挥每个员工的能力，降低企业内部成本和供应商的机会成本，从而扩大整个行业的价值空间。基于这种思考，海尔开始打造创新的生产运作模式，即以发掘和创造用户价值为中心，由传统的关注价格转为关注价值，同时要求充分调动每一位员工的积极性，通过自主创新提高经营效率，降低成本，培育企业竞争优势。

传统的企业组织结构和流程结构都在一定程度上限制了价值战略发挥的空间，自上而下的"正三角"组织结构带来的决策周期的冗长和决策信息的不完善，极大地影响了企业创造用户价值的速度和效率。

（三）组织条件和变化

在传统企业"正三角"（金字塔式）的组织结构中，市场信息和决策权分离。一线的员工虽掌握最准确、最及时的市场信息，却无法决策，而处在"金字塔"上层的领导虽拥有决策权，却远离市场。"自下而上"的信息反馈和"自上而下"的决策传递，一方面拉长了组织决策的时间，另一方面造成了传递过程中信息和决策的失真。而且在传统组织结构中，各流程环节独立，彼此的信息流动不通畅，责任难以分清，增加了企业的协调成本，降低了对市场需求的反应速度。

进入21世纪以来，随着海尔经营规模越来越大，管理层级越来越多，企业内部的决策运作效率越来越低，"大企业病"的表现越来越明显，特别是海尔在国际化大发展时期，企业规模的扩大滋生权力环节蔓生，影响到信息和问题的上传下达，导致神经末梢感应不灵，从而降低了管理决策的准确性和有效程度，职能机构增多，加深了企业的专门化、部门化程度，滋生出官僚主义、部门小团队主义等不良现象。

与此同时，随着中国劳动力人口逐渐进入"80后"、"90后"时代，海尔"80后"、"90后"员工比例逐渐增多。近三年数据显示，"80后"、"90后"的员工数占比已经达到全体员工总数的2/3以上，这些员工学历普遍较高，视野宽广，接受新鲜事物快，对自我价值实现的要求也更加迫切，希望通过自己的努力得到认可和尊重的愿望也很强烈，传统的管理模式日益受到挑战。

因此，2007年海尔启动1000天再造计划，开始探索新的商业模式。2009年，海尔确定了"人单合一双赢"的商业模式，将用户价值放在了企业战略的核心位置，并对企业的组织结构和流程结构进行了一系列的变革，为其企业战略提供制度保障。

（四）管理认知与企业文化

海尔对于战略变革的管理认知可以归纳为"创新与创业"，通过持续的创新与创业，海尔在历史上实现了一个个突破。海尔的核心价值观在于创新和创业，海尔人需要有不断否定自我的创业心态，通过归零，实现重新创业，完成新的挑战、新的目标。海尔经常"干得好好的，突然要变"，但事后看来都理解变革：自己打败自己的成本远远低于对手打败自己的成本。海尔的文化核心之一就是"变"，这是一种积极的创新文化，从总裁至员工，这种"变"已植根于所有员工的心中。收益好的时候要"变"，变出收益更好的模式；收益不好的时候更要"变"，用"变"改变现状。

通过访谈发现，变革成为海尔集团的价值观基因，不同层次的员工都在求变。战略变革的核心在于观念的改变，而不是设置一个机构就能够帮助组织完成变革。从海尔的战略变革历史经验看，所有在初期都不曾被人们看好的变革行为，实践证明都是正确的。海尔一直在变，是适应客户的需要，不断进行调整。

（五）管理行为与战略内容的变化

在信息和互联网时代，用户的需求趋于个性化，企业生产的重点在于大规模定制而非大规模制造。海尔积极探索实践"人单合一双赢模式"，通过"倒三角"的组织创新和"端到端"的自主经营体建设，实现从"卖产品"到"卖服务"的战略转型，创造出差异化的、可持续的竞争优势。

1. 人单合一双赢模式

海尔确立人单合一双赢管理的基本思路在于对互联网时代的敏锐认知，认为在互联网时代企业生存和发展的权力不取决于企业本身，而取决于用户。用户向企业购买的不再是产品，而是服务，所以企业必须从"卖产品"向"卖服务"转型。企业要完成由制造到服务的转型，员工必须转型，从听命于上级转向听命于用户。为此，海尔必须改变传统的经营模式，搭建一个能够将用户需求、员工价值自我实现和企业发展有效融合的崭新管理模式，即人单合一双赢管理。

海尔的人单合一双赢管理中的"人"指的是认同海尔理念的所有人，"单"不是指狭隘的订单，而是指市场用户需求。人单合一双赢管理将员工与市场及用户紧密联系在一起，使员工在为用户创造价值中实现自身价值，从而建立起一套原创性的由市场需求驱动的全员自主经营、自主激励的经营管理模式。

2. "倒三角"组织

在全球化品牌战略的指引下，海尔集团将组织机构进行了彻底的颠覆，由原来的"正三角"

颠覆为"倒三角"。在组织层面，从原来的大事业部制经营组织形式转变为以自主经营体为基本创新单元的三类三级"倒三角"形经营组织架构，将企业原来所有部门按照线体（生产）、型号（研发）、市场以及一级、二级、三级划分为2000多个自主经营体，实现以自主经营体为单元的快速反应的组织架构，使员工通过自主经营体与客户直接对接，由自主经营体直接决策和满足用户需求。

划分经营体的最根本原则是根据经营体与用户的距离，由近到远分为三级，一级一线经营体、二级平台经营体和三级战略经营体。一线经营体直接面对用户，每个一线自主经营体直接面对市场，为所负责的用户群创造价值。一线经营体要求缴足企业利润，挣够自己的经营费用，剩余超利分成。根据在创造价值过程中所起作用的不同，一线经营体又可以划分为三类经营体，包括市场经营体（提供差异化的用户解决方案，创造用户需求）、型号（研发）经营体（型体，创造差异化的产品和服务满足用户需求）和线体（生产）经营体（提供"即需即供"的供应链服务，将差异化、零缺陷的产品快速送达用户）。二级平台经营体为一线经营体提供资源和专业的服务支持。而三级战略经营体，即原来的领导者，他们负责制定战略方向和发现新的市场机会，同时为经营体配置资源，帮助一级和二级经营体达成目标。三级经营体构成了海尔创新的"倒三角经营组织体系"，从上至下依次为一级、二级和三级。三类经营体之间依靠"包销契约"的方式实现价值协同；三级经营体之间依靠"服务契约"的方式实现资源协同。海尔"倒三角"组织结构如图 2 所示。

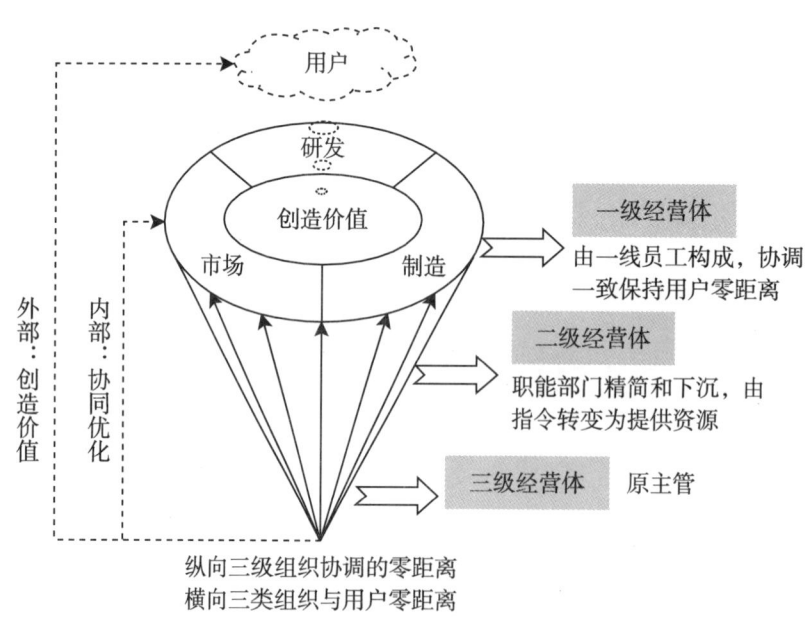

图 2 海尔"倒三角"组织结构

3. 自主经营体

海尔集团的自主经营体主要有以下几个特点：

第一，建立自主经营体自挣自花流程。经营体在企业目标利润锁定的前提下，超值部分经营体参与分成，实行自挣自花。每个经营体均根据自己创造的市场价值自负盈亏。

第二，以竞聘的方式组建经营体。自主经营体的组建并不是由哪个领导或者哪个部门主导，而是从市场的需求出发。由三级经营体负责人根据集团战略确定业务战略定位与战略方向，并创新机会、创造资源。员工在明确的战略与有效机制驱动下，凭借竞聘抢入经营体。

第三，赋予自主经营体两权——"用人权"和"分配权"。自主经营体锁定目标之后，可以自行决定该用多少人，以及如何进行分配，由经营体自身进行双向的选择。对于经营体负责人，在一定的条件下可以启动"官兵互选"机制，由经营体成员与关联单元决定该经营体负责人的去留。如果经营体负责人不能转变思路切实落实集团营销战略并带领团队实现目标，团队成员可以向二级经营体与人力发起"官兵互选"，重新确定团队的带领者。"官兵互选"机制充分体现了经营体的自主权。

第四，"鲶鱼"机制。每个经营体负责人还有培养"鲶鱼"的任务，即培养2名有潜力的经营体成员成为未来的经营体负责人。经过"鲶鱼"机制培养，员工有成长为其他经营体负责人的可能。

4. 节点机制

节点机制是指通过契约来建立三类三级自主经营体之间的有效连接，即海尔的三类三级经营体之间是通过契约关系实现相互承诺和资源提供的。三级经营体之间是通过服务合同，即三级为二级提供资源服务，二级为一级提供资源服务而实现三级的纵向打通，但其本质是三级经营体均围绕着市场需求完成不同的分工。线体、型号、市场三类经营体之间是通过"包销定制"契约实现连接的。一级市场经营体与型号经营体之间是"包销"，销售前就通过契约关系相互承诺该型号在市场的销售量，而型号经营体/市场经营体与线体经营体之间是通过"定制"契约实现连接的，生产前就通过契约关系相互承诺定制该型号的数量。以线体为例，线体对于市场经营体的承诺包括准确交货期、质量保证等，而市场经营体对于线体经营体的承诺则包括年度销售额等指标。

5. 战略损益表

战略损益表，即宙斯模型（Zeus Model），是海尔贯彻战略变革的重要方法和工具。战略损益表主要包括4个象限，即战略定位、经营体、预算流程、人单酬。对于每个员工、每件事，首先思考用户是谁？价值主张是什么？其次，如何形成自主经营体团队，成为创新主体？再次，同一目标下在时间维度上的承诺与流程是什么？最后是"人单酬"，即分享机制。

海尔的人单合一管理模式下，形成了新的契约关系，也就是以用户为中心的、动态的自主经营体与用户之间的契约关系。这样就需要改变传统的以财务报表为中心的核算模式，通过创新的战略损益表驱动每个经营体始终以用户为中心、通过经营表外资产实现表内资产的增值，同时分享价值。因此，海尔的战略损益表体现出在人单合一双赢模式下，自主经营体如何通过创造用户价值实现自身价值并分享增值。

人单酬体现了"合一"的理念，根据业绩完成情况及与集团整体目标的达成效果确定经营体的总体薪酬，是把员工的报酬和他为用户创造的价值紧密结合，是员工自我经营的最终结果，体现了员工自主运营自负盈亏的原则。

Ⅰ 战略定位 用户是谁？价值主张是什么？	Ⅱ 经营体 三类三级开放组织和企业家精神
Ⅲ 预算流程 同一目标下时间维度的承诺和流程	Ⅳ 人单酬 与客户及员工分享价值的机制

图3 海尔集团战略损益表

海尔采用了战略损益表作为核心能力塑造的方法。战略损益表就成为一种思考模式，也是一种意识构建的方法。战略损益表是全新的理念，每一个经营体都有自己的战略损益表。对于一级自主经营体的损益表，主要看为用户创造了多少价值来确定损益。对于二、三级经营体，其损益不仅体现在为用户创造的价值，还要看其在为一级经营体提供资源和服务的有效性，以及战略、机制、团队建设方面的贡献，即一级经营体的提升。

战略损益表并不是人为设计或者随着人单合一双赢模式的变革而提出的，战略损益表是对于海尔以往"日清日毕"等工作方法的总结，是随着企业经营业务的发展逐渐摸索和学习的结果。战略损益表也在不断地精练和发展，如基于战略损益表而提出的"三预"（预通、预赢、预酬）和"目团机"（目标、团队、机制）等，都是工作方法的新总结。

三、案例研究总结

海尔创新人单合一双赢模式。海尔要创造互联网时代的世界名牌，互联网时代世界名牌的特点是能快速满足用户的个性化需求，企业需要大规模定制而非大规模制造。海尔抓住互联网的机遇解决这一挑战，积极探索实践人单合一双赢模式，通过"倒三角"的组织创新和"端到端"的自主经营体建设，实现从"卖产品"到"卖服务"的转型，创造出差异化的、可持续的竞争优势。模式创新已带来初步成效，在流动资金零贷款的基础上，海尔现金周转天数达到负10天。

（一）案例总结

通过调研和访谈，本文认为海尔进行战略转型的原因主要受到两方面因素的影响。第一，顾客需求的变化。在互联网和信息化时代，需求逐渐呈现个性化特征，因为"顾客的需求在网上"，企业必须"能够跟上顾客点击鼠标的速度"。第二，制造模式的变化。在大规模生产时代，企业先生产出来产品然后销售给消费者，是一个从企业到消费者的过程。而进入大规模定制时代，企业开始强调用户的想法和需求，企业生产需要根据用户的反应迅速做出调整，这其中体现了从用户到企业的过程。

针对如何实现企业与用户零距离的问题，海尔首先把组织结构从传统"正三角"调整为"倒三角"模式，目前正朝着节点闭环网状组织方向变革。在"正三角"组织结构下，管理者通过计划、控制、激励等手段管理企业和员工，而在"倒三角"模式下，海尔围绕一、二、三级自主经营体的构建，强调市场经营体、线体经营体、型体等业务单元紧密关注用户需求，职能平台等业务部门则扮演着提供资源和战略企划的角色。在新的组织结构下，管理者和员工都围绕市场需求开展工作。

除了组织结构，海尔的战略变革还体现在管理模式上，即"人单合一双赢模式"。人单合一双赢模式不是简单的销售人员和订单的概念，其背后是一套适应时代发展的管理理念和方法。"人"不仅是指企业员工，还可以是那些与企业具有相同价值主张相关的外部人员或组织；"单"是各个员工和自主经营体对"用户需求"目标的具体承接。"合一"是一个"人"与"单"的动态匹配过程，通过"人"的努力达到满足"用户需求"，为用户创造价值这一最终目标。"双赢"则体现了"共赢共享"的原则。

自主经营体是"人单合一双赢模式"运行的载体。自主经营体的运行涉及竞岗竞单、官兵互选、人单酬等机制，不同的经营体和其他经营体之间形成了"节点契约"。经营体的成员可以通过人单酬清楚了解自己的应得报酬。

战略损益表是海尔战略变革的重要方法指导。战略损益表的核心思想体现了企业中"人的价值"，因为在目前的企业报表中，都是体现资产的价格和价值。在战略损益表的推行使用过程中，在海尔内部"固化"，并逐渐"优化"。这种管理思维逐渐融入到具体实践中，在不断重复应用的过程中逐渐构成了海尔组织能力的微观基础。

（二）管理启示

人单合一双赢模式在组织管理理论方面有两个颠覆性的创新：企业组织从"正三角"结构变为"倒三角"结构；企业核算体系从以"资本"为中心变为以"人本"为中心。

1. 企业组织从"正三角"结构变为"倒三角"结构

组织结构的颠覆可以发挥员工（自主经营体、自组织）与客户的直接对接功能，由自主经营体、自组织去直接决策创造和满足用户需求，实现了决策的快速与准确，彻底改变了决策流程链条太长、反应迟缓、员工被动的缺陷。同时，全流程面向同一目标，也避免了部门扯皮现象，大大提高了流程的绩效。目前，海尔库存周转天数是5天，行业平均50天。海尔现金周转天数已经实现了负数。海尔之所以能够取得这样的高绩效，是因为海尔为每一个员工的成长搭建了一个广阔的平台，让每一位员工都有成为CEO的平台。这一平台培育了海尔人的企业家精神，而只有具备企业家精神的员工才能够得到持续的成长和发展。同时，海尔人认识到成长和发展是每一个人幸福的源泉，渴望成长的愿望是企业和员工高绩效的动力。人单合一管理模式的终极目标是创造幸福型企业，只有内心幸福的员工才能永葆生机，才能持续焕发活力。

海尔的这一实践与加里·哈梅尔（Gary Hamel）在《首先，消灭所有经理人》一文中提到的晨星公司类似，倡导的是自主经营，即将企业家精神引入到每一位员工，让每一位员工都成为自己的CEO，都能够在为用户提供价值的同时实现自身的价值，同时更进一步的是在组织设计与机制方面保障了员工企业家精神的有效实施，这也更进一步解决了文章中晨星公司面临的没有达到期望的员工不加责问，导致自我管理沦为平庸之辈抱团取暖工具的问题。

2. 企业核算体系从以"资本"为中心变为以"人本"为中心

传统的企业核算体系是事后算账，见数不见人，见果不见因。海尔创新以自主经营体为主体的核算体系，把传统企业的财务报表转化为每个自主经营体的"三张表"：损益表、日清表、人单酬表。传统财务报表的损益表，就是收入减成本、减费用，等于利润；而海尔的损益表则是全新的理念："收入"，与传统财务报表的收入项相同；"益"（收益），指的是通过做自主经营体、为用户创造价值而获得的收入；前两者的差，就是"损"（损失），因为这些数不一定为用户创造了价值，是不可持续的，也就是当前工作的差距。日清表的任务是关闭差距，关差的主要内容是创新平台、创新流程、创新机制，把这些创新的工作形成每天的预算，每天进行日清。人单酬表把员工的报酬和他为用户创造的价值紧密结合。海尔人单合一双赢的核算体系引起美国管理会计协会的关注，因为突破了科斯理论的天花板，每个员工都将自己的收入与为用户创造需求的价值有机结合在一起，被认为是未来管理会计的新出路。

传统的财务报表是以资本为中心，追求股东至上；海尔自主经营体的三张表是以员工为中心，即以人单合一的机制激发员工的创新力，让员工创造用户价值，创造市场资源，达到用户、企业、员工的三赢，并得以实现员工的高效率、高增值、高薪酬。可以说，传统的财务报表是以资本增值为导向，是以"资本"为中心的；海尔的自主经营体三张表是以人为本，即以员工创造资源为导向，是以"人本"为中心的，这是本质的差异。

（三）案例讨论

通过对调研内容的分析以及结合海尔领导者的思考，我们认为"价值观驱动"是企业进行战略变革的重要动力机制。海尔的价值观包括"自以为非"、"创新与创业"、"机会公平"、"开放性"等内容，并持续体现在企业的经营过程中。海尔时刻保持着"战战兢兢如履薄冰"的危机感，员工具有强烈的"发现机会和抓住机会"的意识，认为"跟不上变革步伐，就会被淘汰"，"不能成为企业变革的障碍"，所以海尔成为一支"纪律严明的部队"。在价值观驱动下，海尔进行战略变革的执行能力获得提升。

张瑞敏将战略变革的决策情景用一首词概括，即"无可奈何花落去，似曾相识燕归来。小园幽径独徘徊"。当企业到了"无可奈何"的地步，变革的成本将是巨大的，如柯达破产案例。所以，企业在经营过程中要不断思考战略变革，以寻求"燕归来"的生生不息。实际上，变革的方向其实已经在经营活动中体现，如海尔的"人单合一双赢模式"，企业在很早之前就已经按照这种思路在实践，随着不断实践，"人单合一"的内涵在不断丰富，这就是所谓的"似曾相识"。变革的思路总是在企业的管理过程中不断闪现，关键是要将这一闪现变成解决方案，并坚韧地去执行。

理论和实践之间存在"异曲同工"之妙。中国社科院工业经济研究所的蒋一苇老所长在改革开放初期提出了"企业主体论"，同时还提出"经济民主论"和"职工主体论"。海尔的新经营模式体现了企业中"公平、自主、开放、共赢"的理念，海尔员工的自主视为一种管理的境界，并超越了"雇佣"的概念，把那些认同海尔理念的人团结在一起。

〔参考文献〕

[1] Rajagopalan G., Spreitzer M.. Toward a Theory of Strategic Chance: A Multi-lens Perspective and Interrative Framework. Academy of Management Review, 1996, 22 (1).
[2] 陈传明, 刘海建. 企业战略变革：内涵与测量方法论探析. 科研管理, 2006 (3).
[3] 刘明明, 肖洪钧, 蒋兵. 战略变革内涵和模型的理论探析. 技术经济, 2010 (10).

A Case Study on the Strategic Change of the Integration Between the Employees and the Indents of Hair Group

Zhao Jianbo

(Institute of Industrial Economics, CASS, Beijing 100836)

Abstract: Advanced technologies, global markets intensify pressures to constantly meet diversified customer demand while enhancing organizational flexibility. Strategic change has become the ultimate managerial responsibility as firms continuously engage in some form of change-from shifting organizational boundaries, to altering firm structure, to revising decision-making processes.

We conduct a longitudinal, inductive study in Haier Group, and trace the relationship between organizational change and managerial recognition. The paper explores in depth the effect of managerial cognition on the probability of organizational change. In the study, we examined how the organizational form, function and competitive advantage of Haier dynamically coevolved during the course of organizational change.

Key Words: Strategic Change; Managerial Cognition; Organizational Learning

【企业战略与创新管理】

基于企业生命周期的商业模式转型与优化

钟耕深 陈 衡

(山东大学管理学院,济南 250100)

[摘 要] 商业模式是一个动态变化的形式,没有哪一种模式可以放之四海而皆准,也没有哪一种模式可以一劳永逸。任何一种成功的商业模式都是和内外部环境及资源恰当结合的产物。本文从企业生命周期的角度,结合企业处于初创期、成长期、成熟期和衰退期四个不同生命周期的特点,分别讨论了当企业处于不同发展阶段时商业模式的转型和优化思路,以及应采取的一系列措施和手段。通过对商业模式不断地动态调整,逐步加强企业应对自身发展和变化的能力,进而实现企业持久健康的发展。

[关键词] 商业模式;企业生命周期;商业模式转型

一、问题的提出:商业模式与企业生命周期

随着信息技术和互联网公司的蓬勃发展,商业模式在企业的生存和发展中发挥着越来越大的作用。如今,无论是在高新技术企业,还是在传统行业,商业模式的作用都是至关重要的。

(一)商业模式决定新创企业的市场价值

不论人们对商业模式的定义多么不同,成功的商业模式一定能为企业带来利润和潜在市场价值。基于新技术的新创企业之所以能迅速在市场上崭露头角,主要原因就在于其新颖的商业模式。新创企业的市场价值体现在顾客定位、市场占有率、市场增长率、利润等几个方面。而成功的商业模式恰恰是在顾客定位、产品定位、利润来源方面做出了巧妙的设置和规定,这正是新创企业迅速打开市场的法宝。阿里巴巴在创建初期特立独行地开创了一种适合全球新经济环境的"做小企业生意"的"B2B"模式,其收入来源主要是向参与"B2B"交易平台的供应商销售会籍和提供增值服务。以此为核心,阿里巴巴在商人中推广即时IM工具,帮助商人更好的沟通和交易;在全体会员中推行诚信认证,建立企业诚信档案;推出企业管理软件产品,帮助企业更好地决策;引入安全支付工具,保证交易的安全性。独特的商业模式使阿里巴巴获得了巨大的市场关注度,全新的商业模式也使阿里巴巴成为全球最大的网上交易市场。

(二)商业模式决定企业价值创新的程度

价值创新是企业的根本使命,是企业赖以生存的前提。商业模式的独特性和价值性决定着企

[作者简介] 钟耕深(1961—),男,山东大学管理学院教授、管理学博士,研究方向:公司战略、商业模式及业务流程管理;陈衡(1985—),男,山东大学管理学院硕士研究生,研究方向:企业战略管理。

业价值创新的程度。企业的价值创新既体现在企业内部价值链的创新，也体现在企业外部的价值系统和价值网络的创新。潍柴动力股份有限公司曾经是单一的发动机制造商，上市后逐步改造自己的商业模式，通过收购、兼并等途径，拥有了由陕西重型汽车、陕西法士特齿轮、株洲湘火炬火花塞、牡丹江富通汽车空调等40家优质企业组成的子公司集群，构筑起了以动力总成（发动机、变速箱、车桥）、商用车、汽车零部件三大产业板块协同发展的新格局，成为国内唯一的同时具有三大业务板块的集团，并且在国内各自细分市场均处于绝对优势地位。经过不断地发展，潍柴动力基本形成了售后服务中心在半径50公里内提供24小时服务支持的格局，构成了集营销、服务、信息于一体的科学、完善的市场网络，成为中国最大的汽车零部件企业集团。我们不难看到，潍柴动力价值创新的范围已从企业内部价值链转向了企业外部的价值系统甚至是价值网络。

（三）商业模式决定企业发展的方向和速度

商业模式的构成要素尤其是其核心要素，都是事关企业长远发展的战略问题，如产品发展方向的选择、目标客户的锚定、收入来源的控制等。构造全新的商业模式，企业就有可能获得快速的发展；如果构造的商业模式具有高进入壁垒，或者具有超前性，企业就能获得稳定的快速发展。因此，商业模式在很大程度上决定着企业的发展方向和速度。成立于2003年10月的"译云国际"（YesMeaning）致力于互联网与传统翻译业务的结合，仅仅经过几年的发展，就凭借其专业的知识库、行业数据库、项目档案等资讯，横扫在沪外国领事馆和跨国公司的翻译业务。目前，译云国际已经发展成为拥有6000多名全职翻译和兼职翻译，覆盖近30个语种，被誉为中国翻译产业界崛起的"巨人"。Google公司的市值在2004年超过通用汽车，2005年超过通用汽车与福特汽车的总和。2009年3月30日Google的市值达到1080亿美元，一举超过"百年老店"通用电气（1050亿美元）。虽然有专家怀疑这是网络泡沫催生的结果，但是这一惊人的对比再次证明新兴商业模式的强大动力。

（四）商业模式决定企业的核心竞争力

一般来说，每一种商业模式都有一定程度的可复制性，但越是难以复制的商业模式，就越能体现企业的核心竞争力。核心竞争力有两个关键点：一是核心技术；二是将核心技术转化为产品和利润的管理能力。核心技术也是商业模式的关键构成要素，它决定了企业是否能给目标客户提供有价值的产品，而这正是核心竞争力的价值性所在。沃尔玛公司从事的是传统的商业，采用的是成熟的商业模式，但是沃尔玛拥有快速、高效的物流配送中心，通过自有卫星实现全球联网实时控制物流、采购和配货。这在全世界是独一无二的。这也是沃尔玛"天天平价"竞争优势的根本性来源。浪潮ERP创造并实施的"客户协同研发"模式则体现了核心竞争力中的"软体"部分。该模式将产品需求分析和部分产品创新工作向客户一线前移，使客户现场成为产品开发的组成部分，对客户需求保持高度敏感，和客户保持零距离。这种研发前移的商业模式使浪潮成为中国高端ERP市场上的佼佼者。

当然，商业模式的重要性也表现在那些失败的企业身上。入华5年仍"水土不服"的美国最大电子产品零售商百思买（Best Buy），于2011年2月22日正式宣布关闭在华9家零售自有品牌门店，这意味着首家进入中国的外资家电零售巨头终于将战略收缩路线发挥到极致，"百思买"零售品牌正式告别中国市场。百思买的经营方式与中国本土的家电零售商有很大的不同，它坚持"买断经营"的策略，成本要远高于国内本土的家电零售商，加之其强调单店盈利的模式，使百思买的扩张速度极为缓慢，入华5年门店数仍未破10家。百思买错误的经营策略是导致其梦断中华的主因，家电连锁的竞争本质是渠道争夺和规模效应，而这恰恰是百思买忽略的内容。

通过上述分析不难看出，商业模式的选择与企业所处的行业有着密切的关系。但我们不禁要问：成功的商业模式除了要体现行业特性以外，是否与企业发展所处的阶段有关呢？也就是说，一个企业要创造持续的竞争优势，是否应当结合企业所处生命周期不同阶段的特点来讨论商业模式的转型和优化？

众所周知，任何一个企业的发展都是一个由小到大、由弱到强的动态过程，处于不同发展阶段的企业有其自身的特点。从生物学的角度看，生命周期是生命体从产生、发展到灭亡的时间过程，在生命周期的不同阶段，生命体有不同的外在特征和内在变化。企业作为一个经济组织，也会经历从产生、发展到消失的过程，表现出和生物有机体类似的特点。企业就如同自然生物一样，具有新陈代谢性、自我复制性、突变性。企业的成长与老化同生物体一样都是通过灵活性和可控性这两大因素之间的关系来表现。灵活性与可控性决定了企业在生命周期中所处的位置。当然，企业组织与人和植物还是有区别的，其区别在于企业组织的生命周期是不可预测的，而且组织可持续地实现自我更新。

根据企业所具有的灵活性和可控性，可以把企业生命周期分为成长和老化两大阶段。根据风险偏好、期望值、资金、责权、主导部门、目标导向等因素，可以把这两大阶段细分为孕育期（Courtship）、婴儿期（Infancy）、学步期（Go-Go）、青春期（Adolescence）、盛年期（Prime）、稳定期（Stable）、贵族期（Aristocracy）、官僚化早期（Recrimination）、官僚期（Bureaucracy）和死亡期（Death）十个阶段。为了分析方便，我们将这十个阶段归纳为更具普遍性的四个阶段，即初创期、成长期、成熟期、衰退期，并依此探讨商业模式在企业生命周期各阶段的特点及企业在各个阶段所应采取的策略。

二、企业生命周期不同阶段商业模式的特点

商业模式是指一个企业在从事某一领域的经营活动时，对企业自身及其产品或服务的定位，以及利用内外部资源在其运行过程中创造顾客价值、获取利润的经营方法和操作系统，是一个企业创造价值的核心逻辑。简单来说，商业模式就是某企业为获取收入以维持经营而采用的开展业务的方式。在生命周期的不同阶段，企业的商业模式有着不同的特点。

（一）企业初创期商业模式的特点

不同行业的企业在初创期会面临不同的环境，其内部资源和条件也会有所差别。这里我们主要分析两种企业在初创期的商业模式特点：一是小型或微型企业；二是大型企业。

小型或微型企业初创期的特点主要表现为：员工数量少，年营业额低，资产数量也不多，营业利润少，现金短缺等。其他方面如品牌、商誉等根本无从谈起，所以企业初创期的首要目标是要生存下来。企业的决策重点和难点都在于市场和产品策略，也就是如何获得客户的普遍认可和接受。小型或微型企业初创期的商业模式，与其说是一种商业模式，还不如说是创业者的一种创意，只不过是一些没有实现的商业模式构想而已。商业创意来自由创造性资源组合传递更高价值来满足市场需求的可能性，随着这种可能性的丰富和逻辑化，商业创意越来越得到扩展和充实，逐渐成为清晰的商业模式。马云在阿里巴巴诞生的最初几年里，也仅仅是空怀"让天下没有难做的生意"，目标就是为中小企业提供交易的电子商务平台，并没有后来较为完善的业务架构。

大型企业初创期的商业模式从一开始就很清晰，这种企业往往拥有成熟的技术和并不饱和的市场，所以，它们的产品、市场、顾客、收费方式都是确定的。这种大型企业一般都是传统产业。如作为山东金晶科技股份有限公司全资子公司的山东海天生物化工有限公司，其产品为纯碱，一期工程投资18.5亿元，设计生产能力为100万吨/年，计划产品的40%由金晶集团内部消化，60%销往国内外客户。

(二）企业成长期商业模式的特点

企业的成长期是指完成了原始积累后,企业走向快速成长、直到成熟的这一阶段。经过了创业积累期的发展,企业按照设想的商业模式运转起来,具备了一定的现金流量,销售也得到提高,可以说企业生存问题基本解决。此时企业也基本稳定下来,具备了大规模生产和大规模销售的条件。随着技术的不断成熟,获利水平的提高为企业实现了预期的现金净流量。对于取得的现金流,企业通常会投入到原材料供应、生产制造过程、市场销售和开发等领域,加强生产能力和销售能力的建设,以进一步创造可持续竞争优势,实现企业的战略领先目标。

对于成长期的企业而言,主要目标是发展壮大和实行差异化。趋于定型的企业主导优势产品将吸引众多潜在竞争者加入竞争。企业尝试通过提高质量、降低价格、完善服务或实行产品差异化等手段不断创新来改进产品,更好地满足不同客户群的需求,稳定现有市场并不断开拓新市场。

(三）企业成熟期商业模式的特点

进入成熟期,企业的生产技术和管理能力趋于成熟,经营活动相对稳定,企业拥有了强大的产品群和业务竞争力,产品生产规模达到最大限度,产品成本下降到最低点。企业形象和产品品牌形象在市场上形成了良好的信誉,战略目标及竞争优势明显呈现,在行业中的优势地位基本稳固。企业的利润逐步达到高峰,盈利水平的增长速度趋缓或停止增长,利润空间相对稳定,企业经营风险逐步降低。

在成熟期,企业将注意力集中在增加利润额、控制成本、维持销售量和提高工作效率等方面。随着市场的逐渐饱和及企业资产收益水平的提高,出现了剩余的生产能力和闲置的现金流。而此时却正是延长企业成熟期,实现企业商业模式变革的最佳时机。因此成熟期的企业商业模式需要做出主动的变革和优化。

(四）企业衰退期商业模式的特点

到了衰退期,企业最典型的特征是产品竞争力明显减弱,市场对产品需求逐步下降,产品供过于求的状况日益严重,销售量急剧下降,产品价格下降,业务增长停滞甚至负增长,营业收入和利润率同时萎缩。

一般地说,引起衰退的主要原因是激烈的市场竞争和饱和的市场需求,然而企业内部管理混乱及缺乏创新也是不容忽视的因素。企业处于衰退期,并不意味着马上倒闭,拥有一定规模的企业在衰退期往往还会继续维持一段时间。其间如果积极采取有效措施,企业便会出现重生的可能。但简单的"修修补补"犹如隔靴搔痒,往往无济于事。此时的企业只有尽快调整商业模式、改变企业战略,才有可能挽救它的生命,进入新的生命周期轮回。

三、企业生命周期不同阶段商业模式转型与优化策略

(一）企业初创期商业模式完善策略

依据初创期企业核心能力的不同,我们将初创期企业的商业模式分为三类:第一类拥有独特的市场;第二类拥有独特的技术;第三类虽没有独特的技术和市场,但进行了要素的重新组合与创新。

第一类企业的商业模式最清晰、最有把握,但往往需要大量的工程投资,如山东海天生物化工有限公司;或需要大量的市场投资(包括渠道建设、广告与促销费用等),如可口可乐和百事可

乐。但无论哪种类型的投资，企业都已付出了高额的成本，因此合理有效的成本控制对于这种类型的商业模式至关重要。

第二类企业起步阶段面临的市场竞争压力可能较小，但市场前景并不明朗，因此前期充分详细的市场调研就显得尤为重要，同时还要尽可能地抬高行业进入门槛，预防潜在进入者的威胁。如伴随着 Web2.0 技术的广泛使用而兴起的婚恋网站，发展至今主要有三种模式：以世纪佳缘（www.jiayuan.com）等为代表的网站以国外 MATCH.COM 为模板，采取搜索+发信直接交友；百合网（www.baihe.com）等则复制国外 EHARMONY.COM 网站模式，先进行心灵匹配，再根据匹配度来进行相应匹配交友；而珍爱网（www.zhenai.com）等则采取人工模式的电话红娘来进行婚恋服务。

第三类企业由于没有独特的技术和市场，只是比竞争对手更加注重某些价值要素，或者减少某些价值要素，或者创新某些价值要素，但是由于能给顾客带来全新体验，往往能够获得很好的市场效果。为了推陈出新，太阳马戏团减少了传统的小丑、杂技和动物表演，而创新了喜剧主题、舞台美术和音响舞蹈，从而获得了巨大成功。

综合上述三种类型初创期企业的分析可以看到，对于初创期企业的商业模式来讲，最重要的便是对机会的识别和发展。企业只有找到准确的切入点并具备将这一机会进一步拓展的能力才能找到有效的商业模式。

（二）企业成长期商业模式强化策略

结合企业处于成长期的特点可以看到，伴随着企业的成长，它所面对的市场需求日益清晰，并且资源日益得到准确界定。这个阶段的企业通常的做法是，结合自身的优势和能力，将市场需求与资源结合起来，逐渐完善业务架构，形成适合自身发展的、尽可能独特的商业模式。

同时由于处于成长阶段的企业更多的支出是用于如研究开发、扩大生产能力及市场占有率等各种形式的资本支出，所以这一阶段企业的商业模式越来越趋于稳定，因此成长期企业商业模式的主要策略便是对已有模式的维持和稳定。阿里巴巴是随着企业的发展和互联网技术的推广和普及，逐渐对业务架构进行完善，并逐步形成了包括阿里旺旺（商务沟通）、支付宝（商务支付）、诚信通（信用体系）、营销工具和推广中心的全方位、立体化的全球电子商务平台。

（三）企业成熟期商业模式优化策略

通过对成熟期商业模式特点的分析不难看出，成熟期无疑是商业模式优化和变革的最佳时机。但怎样实现商业模式的变革与创新呢？概括起来，有两种基本路径：一是基于价值链的商业模式创新；二是基于构成要素的商业模式创新。

从价值链创新角度分析，在明确的外部假设条件、内部资源和能力前提下，商业模式是企业价值链的一个函数，是一种基于价值链创新的企业价值活动及对其所涉及的全体利益方进行优化整合以实现企业超额利润的制度安排的集合。若要构建商业模式，一般需要识别价值链要素（如采购物流、生产、销售物流、营销、研发、采购、人力资源管理等）、交互模式及技术的最新发展。若要变革或创新商业模式，则要么进行价值链分解，要么重构价值链，如重新定义顾客，提供特别的产品和服务；改变提供产品/服务的路径；改变收入模式；改变顾客的支持体系；发展独特的价值网络等。

从商业模式构成元素分析，创新的路径是先提炼商业模式的构成元素或总结现有商业模式的合理分类，然后开展基于构成元素或分类的商业模式创新方法研究，从而有助于企业制定切合实际的商业模式创新策略。

由于成熟期的企业具有资本充足、规模经济或范围经济以及完善的管理制度和成熟的协调机制等优势，企业往往缺乏主动变革和优化的动力。但那些成功且长寿的公司往往都是时刻充满了危机意识。因此企业需要进一步保持敏锐的市场嗅觉，主动寻求商业模式变革的时机和方法，争取更长的获利期，从而避免进入衰退期。

（四）企业衰退期商业模式转型策略

对处于衰退期的企业来说，业务流程再造无疑是调整商业模式的一根救命稻草，也就是对企业的业务流程进行根本性再思考和彻底性再设计，从而获得在成本、质量、服务和速度等方面业绩显著性的改善，使企业能最大限度地适应以"顾客、竞争、变化"为特征的现代企业经营环境。从总体上讲，企业业务流程再造有两种方式：一种是企业内部的流程再造；另一种是企业外部的流程再造。

对内部流程再造来讲，就是要在充分认识传统组织结构和供应链运作的基础上，迅速、柔性化地满足顾客的要求，对企业内部的整个组织体制和业务流程进行再造，通过企业内各机能的综合和协调，最大程度地满足顾客的需求，从而为发展企业间供应链打下基础。

对外部流程再造来讲，就是要在企业之间形成战略联盟，按照供应链管理的思想去运作，以企业战略为核心，实现所有企业组织、战略和业务流程的全面结合。从方法和工具层面上说，企业之间共同管理活动的实现是通过网络技术进行的，所以企业内互联网和企业间互联网的全面采用是一种必要手段，否则信息共享、共同预测和共同计划就无法实现。还有一个值得注意的问题，即供应链管理系统和软件环境的标准化问题，缺少了这一条件，企业之间就很难有效地进行沟通和互动，乘数效应难以实现，所以产业标准的制定也是一个非常关键的问题。

无论内部流程再造，还是外部流程再造，都是要重新调整或建构企业的商业模式。只有找到真正全新的适合企业自身的商业模式，衰退期的企业才能够获得重生。

四、结　论

商业模式是企业竞争的最高形态，关系到企业生死存亡和兴衰成败。企业要想获得成功就必须从制定恰当的商业模式开始。同时，我们还应该看到商业模式是建立在对外部环境、自身的资源、能力的假设之上的，因此没有一个商业模式适用于任何企业，也没有一个商业模式永不过时。行业内的企业出于对成功的相互模仿，往往出现"趋同"现象，面对"趋同"，企业需要保持足够的警惕，要敢于对商业模式进行优化和变革，改变当中的某些要素或者环节，甚至彻底地再造商业模式，以差异化经营获取超额利润。企业只有随着自身的发展和客观情况的变化不断地对商业模式加以创新，才能获得持续的竞争力与持久生存。

〔参考文献〕

[1] Adizes I.. Corporate Lifecycles: How and Why Corporation Grow and Die and What to do about it. Prentice Hall, 1989.

[2] Alfonso Gambardella, Anita McGahan. Business Model Innovation: General Purpose Technologies and Their Implications for Industry Structure. Long Range Planning, 2009 (7).

[3] Lindgadt Z., Reeves M., Stalk G.. Deimler. Business Model Innovation——When the Game Gets Tough, Change the Game. The Boston Consulting Group, 2009 (9).

[4] Michael Hammer James Champy. Reengineering the Corporation: A Manifesto for Business Revolution. Nicholas Brealey Publishing, 1993.

[5] Paul Timmers. Business Models for Electronic Markets. Electronic Markets Journal, 1998, 8 (2).

[6] Winter S. G.. Schumpeterian Competition in Alternative Technological Regimes. Journal of Economic Behavior and Organization, 1984.

[7] 陈艳莹，高东. 企业生命周期理论研究进展述评. 经济研究导刊，2007（5）.
[8] 杜敏. 企业实施业务流程再造的策略分析. 消费导刊，2009（1）.
[9] 高闯，关鑫. 企业商业模式创新的实现方式与演进机理：一种基于价值链创新的理论解释. 中国工业经济，2006（11）.
[10] 刘红，张乐乐. 基于价值链理论的企业商业模式创新实践研究. 企业管理，2012（10）.
[11] 欧阳峰，赵红丹. 商业模式创新研究的演化路径与展望. 科技管理研究，2010（12）.
[12] 孙习祥，聂鸣，谢芳. 基于企业生命周期的经营模式跃迁路径研究. 科技进步与对策，2007（9）.
[13] 王锡秋. 基于商业模式创新的企业能力发展研究. 商业研究，2010（7）.
[14] 伊查克·爱迪思. 企业生命周期. 北京：中国社会科学出版社，1997.
[15] 约翰·戈德纳. 如何防止组织衰败. 企业管理，2000（5）.
[16] 钟耕深，刘鹏，于莉. 高科技品牌企业的研发组织模式及选择原则. 科学学与科学技术管理，2007（9）.

Transformation and Optimization of the Business Model Based on the Corporate Life Circle

Zhong Gengshen   Chen Heng

(School of Management, Shandong University, Jinan 250100)

Abstract: The business model is dynamic, so there is not a model can be applicable everywhere, and there is not model can be once for all. Every successful business model is the product of the combines of the internal and external environment and resources. In this paper, from the perspective of corporate life cycle, combined with the characteristics of the four different live circles of the enterprise such as the initial period, the growth period, the maturity period and the decline period, we have discussed respectively when the enterprise in different stages of development business model transformation and optimization, and a series of measures and means should be taken. The enterprise could achieve the persistent and healthy development by the dynamic transformation of the business model and gradually strengthen the abilities to cope with development and change.

Key Words: business model; corporate life circle; transformation of the business model

【企业战略与创新管理】

区域创业比较研究：基于江苏样本企业的分析

刘兴国[1] 沈志渔[2]

(1. 中国企业联合会研究部，北京　100048；
2. 中国社会科学院工业经济研究所，北京　100836)

[摘　要] 论文基于问卷调研数据，从区域社会资本差异、区域创业能力差异、区域创业战略差异、区域创业主体差异4个方面，分别对苏南、苏北的创业活动进行定量比较。通过区域社会资本的比较发现，苏南、苏北创业者的社会资本结构存在显著差异，不同社会资本类别对创业与创业发展的重要度也不一样，而且苏南地区创业者社会资本的冗余高于苏北，但在社会资本的利用方式上差异不明显。苏南地区的区域创业能力稍好于苏北，但都只处于中等水平。苏南、苏北地区在创业方式、创业行业、创业规模与市场定位层面均存在明显差异，苏南地区创业者更多的选择了独立创业，在行业上更多地进入服务性行业，新创企业的规模整体上小于苏北，而且更多的定位于国内市场。从创业主体属性差异比较看，苏南创业者中女性比例高于苏北，创业者平均年龄低于苏北，平均受教育水平明显高于苏北，异地创业者所占比例明显高于苏北。

[关键词] 区域创业；社会资本；创业能力；创业战略；创业主体差异

一、区域创业文献回顾

Bartik (2001) 研究美国区域的不同特征对创业活动的影响，认为人口密度、行业集中度、政府税收、金融市场中的创业投资等方面的区域差异决定了创业活动的差异。Armington 和 Acs (2002) 以美国的创业活动为研究对象，选取不同因素指标更深一步研究了不同行业中的区域创业差异，他们指出行业集中度、人口增长率、收入增长率及人力资本是区域创业活动存在差异的决定因素；失业率对区域创业活动没有产生明显影响，但在某些行业中却显现出了显著的正影响。Lee、Florida 和 Acs (2004) 也以美国数据研究创业活动，但是他们主要关注人的因素方面，认为区域人口的创造力、人口的增长率、收入增长率及人力资本都是区域创业差异的显著影响因素。Sutaria 和 Hicks (2004) 集中研究区域制造企业的创业活动，得出失业率变化、人口增长率、产业进出的动态、区域金融资本是区域创业差异的显著决定因素，但是失业率水平、收入增长率却没有显现出显著的影响。Fritsch 和 Mueller (2005) 研究德国的创业活动，发现人口密度、产业结构、失业率水平是区域创业差异的显著决定因素，同时区域的创新水平、创业文化也是显著决定因素，但是人口密度却没有显现出显著的影响效果。李乾文（2007）指出，由于区域、制度和文

[作者简介] 刘兴国（1972—），男，湖南武冈人，中国企业联合会研究部副研究员，管理学博士；沈志渔（1954—），男，浙江宁波人，中国社会科学院工业经济研究所研究员，经济管理出版社总编辑，博士生导师。

化不同，可能都会导致不同的创业导向趋向。江三良（2009）指出，优越的创业环境在吸引外来投资的同时并不一定能够激发本地居民投身创业的热情，特定地区内的居民是否崇尚创业并采取创业行为，与创业氛围高度相关；而创业氛围的形成和传导，内生于区域内个体行为与参考群体的互动，取决于创业成功率和创业收益率，与企业密度正相关。

Birley（1985）、Aldrich 和 Zimmer（1986）等借鉴社会学中社会资本概念，进行了一些具有开创性的创业研究，引导学者们从社会资本的角度理解创业活动的产生及其绩效；部分学者（Hansen，1995）的研究认为社会资本带来较高的创业绩效，另一部分学者（Kenneth W.Olm，1987；Aldrich 和 Reese，1993）则得到了不同甚至相互对立的结果。D'Arcy 和 Giussani（1993）认为，就企业创立与发展来说，其关键的地域性因素包括地域性企业家精神、社会网络、创新环境、产品因素的灵活性和制度结构。Burt（2000）认为，"对大多数创业者来说，他们最重要的资源是错综复杂的个人网络"。Roel Rutten 和 Frans Boekema（2007）指出，区域社会资本来自企业在社会关系区域网络中的嵌入；社会资本决定了区域创新网络的功能绩效，可以用来解释区域经济发展的差异。贾延红和张忠德（2008）对区域创新系统和社会资本的概念进行理论梳理，系统分析了区域社会资本在区域创新系统中的作用，从理论和实践两个方面证明了区域社会资本在区域创新系统中的关键地位，区域社会资本在区域创新系统的形成完善中发挥着重要作用，是区域发展的核心竞争优势，并以此为基础构建了以区域社会资本为核心要素的多元互动的区域创新系统模型，研究还指出区域社会资本的形成和发挥作用受到多种因素的制约，其中政府的作用特别重要。裴志军（2010）提出了区域社会资本测量6个维度：普遍信任、规范信任、正式网络、非正式网络、共同愿景与社会支持，并基于浙江省36个县域的数据，构建了区域社会资本的测量量表，对量表进行了信度和效度检验，为区域资本的测量提供了有效工具。

王燕梅（2005）提出了"城市创业能力"的新概念。城市创业并不是政府办企业，而是政府促进城市经济的高速、协调发展，提升城市的产业竞争力。她从城市经济发展的协调、创业环境的建设、创业政策的设计、产业结构的合理化、产业布局的科学化、创业资源的积蓄等方面对北京市的城市创业能力进行了研究，从研究内容看，其所谓的城市创业能力归根结底表现为政府的创业能力。吴群德（2007）以泉州市为对象，从营造城市创业文化、降低创业成本、推进人才与技术创新、加强创业保障和创业管理体制创新等角度研究了如何提升创业型城市的创业能力问题。中国科协"新农村建业创业能力研究"课题组（2007）认为，建设创业型新农村、培养创业型新农民、积极引导和大力推进农村创业活动是提高农村自身发展能力，加快社会主义新农村建设的根本途径。该课题组的研究结论指出，我国农村创业能力低、创业资金匮乏、创业支撑保障体系不健全、政策支持力度缺乏、农民创业动力没有充分激活；在不同地区，农村创业能力发展存在不平衡的现象。宋维平（2007）指出，当前有90%以上的企业是由农民创办的，农民创业已经成为我国创业的主力军；我国新农村建设重在全面提升农民作为创业主体的创业能力上。王登举（2007）的实证调查表明，我国东部地区创业农户的比例最高，达到了8.9%；西部地区次之，为5.7%；中部地区最低，仅有5.6%；这表明我国农村创业能力存在区域差异。

二、研究设计与数据获取

本文计划从区域社会资本差异、区域创业能力差异、区域创业战略差异、区域创业主体差异4个方面对区域创业进行定量比较研究，所有研究数据通过问卷调研获取。

研究问卷包含四个部分。第一部分为个人社会网络参与程度方面的问题，有R1~R5共5个问题，分别了解创业者的社会资本存量、社会资本存量中的冗余程度、社会资本类别对创业的贡献、社会资本类别对创业发展的贡献，以及创业者对社会资本的利用方式。第二部分为创业能力调查问题，有 T1~T14 共 14 个量表式问题，问题 T1、T2、T3、T4、T5 和 T6 用来测量创业环境支持力，问题 T7、T8、T9、T10 和 T11 用来测量创业主体的行动能力，问题 T12、T13 和 T14 用来测量创业资源支持力。第三部分为创业企业情况调研问题，有 Q1~Q5 共 5 个问题，分别用来了解企业创设时间、创业方式、创业行业、创业规模、市场定位。第四部分为创业者个人信息收集问题，有 E1~E5 共 5 个问题，分别用来了解创业主体性别、创业主体年龄、创业主体文化、创业主体归属地及创业所在地。

本文分别在江苏的苏州、无锡、镇江、南京、扬州、泰州、南通、连云港、徐州等地实施，访谈结束后，一共收回有效问卷 169 份。从江苏官方的划分看，苏州、无锡、南京与镇江属于苏南范畴，扬州、泰州、南通、连云港、徐州等地则属于苏北范畴。在回收的问卷中，苏北占 66 份，苏南占 103 份，苏南问卷多于苏北。

信度指衡量效果的一致性和稳定性，统计学中一般用 Cronbach'α 值来衡量问卷的信度。一般而言，只有较高的一致性指数值才能保证变量的测度符合信度要求。按照经验判断方法，保留的测量题项对变量所有题项的相关系数应大于 0.35，并且测度变量的 Cronbach'α 值应该大于 0.70（Nunnally 和 Bernstein，1994）。[①] 本问卷利用测量创业能力的量表类问题来测度调研信度，得到 Cronbach'α 的值为 0.841，符合有关信度检测要求，表明本次研究所获得的数据符合信度要求。

三、区域社会资本差异比较

（一）社会资本存量与结构比较

创业主体的社会资本存量与结构，对创业活动的产生与创业企业的发展，均具有积极的推动作用。创业主体的社会资本差异不仅表现在社会资本存量上的差异，更重要的是来自结构上的差异。我们在研究创业主体的社会资本时，往往都用社会资本存量上的差异来掩盖其结构差异；这将导致我们陷入片面增加社会资本存量的陷阱。社会资本的结构差异与创业主体本身属性与行为有关，受创业主体差异的影响，既有可能是由低水平向高水平的社会资本结构变迁，也有可能是由高水平向低水平的社会资本结构变迁，当社会资本结构水平滑落到一定程度的时候，它就会对创业主体的创业活动带来不利影响。

本文对创业者社会资本存量与结构的研究，都基于被访创业者的电话通讯簿。问卷要求受访的创业者对其电话通讯簿中的联系人按照表 1 所列 8 种类别进行归类，169 份有效问卷的统计结果如表 1 所示：

表 1　创业者平均社会资本存量

	行政官员	一般公务员	金融机构中高层负责人	金融机构一般职员	企业中高层管理者	企业业务员	技术研发人员	其他人员
总体均值	11.76	17.44	7.41	11.97	20.21	27.14	11.92	62.52
苏北均值	11.70	17.77	7.97	13.09	18.06	26.26	11.31	54.30
苏南均值	11.80	17.10	7.06	11.25	21.59	27.71	12.31	67.79

从总体角度看，受访创业者具有较高的社会资本存量水平，而且各类社会资本均占有一定的

[①] 关于 Cronbach'α 的取值问题，不同的学者有不同的看法，也提出过一些不一样的判断标准。如 Wortzel（1965）和 Guedford（1965）认为，Cronbach'α 值小于 0.35 为低信度，问卷获得的数据不能用于实证分析；Cronbach'α 值在 0.50 以上则可以采用问卷所获得的数据进行实证分析。

比例。在所有的社会资本存量中，未被明确分类的其他人员（含亲朋好友等）明显占有绝对的优势，在创业者社会资本构成中高居首位。居于第二位的是作为营销关系资本的企业业务员，其次是企业中的中高层管理者。一般公务员、金融机构一般职员、技术研发人员分居第四、五、六位。行政官员与金融机构中高层负责人分居第七、八位。从问卷调查结果看，苏南受访创业者的社会资本存量明显高于苏北；从社会资本构成看，苏南受访者在行政官员、企业中高层管理者、企业业务员、技术研发人员、其他人员上所积累的社会资本均高于苏北受访创业者；而苏北受访创业者则在一般公务员、金融机构中高层负责人、金融机构一般职员层面上拥有更多的社会资本。

苏南与苏北社会资本结构差异，基本上反映了两地经济发展水平与市场完善程度的差异。由于苏南地区起步早、发展快，经济发展水平远高于苏北地区；与之相适应，随着经济的发展，苏南地区市场不断成熟，企业经营环境与创业环境持续优化，政府对经济活动的干预日渐减少，金融机构的信贷管理趋于规范。在政府干预弱化与金融规范化的影响下，苏南创业者的社会资本战略发生了重大变化：行政与金融网络的地位趋于弱化，而亲朋网络与技术网络的地位得到明显加强。对经济落后的苏北地区来说，规范化程度远低于苏南地区，经济活动的行政干预仍然普遍存在，社会关系网络对信贷资源的取得依然具有十分重要的影响作用；为了更好的创业与发展，苏北创业者不得不在行政与金融社会资本的发展上采取更积极的策略。

（二）社会资本冗余度比较

创业者在发展个人社会资本时，不可避免地会使用到熟人网络，也就是说，创业者的社会网络关系中，或多或少会有一些成员是相互认识的。对创业者来说，其社会网络中相互认识的比率越高，所能提供信息的重复度也就越高，网络通路的有效覆盖范围重叠的也就越多；而这显然会降低个人社会网络对创业者的功用。本文用社会资本的冗余度来刻画创业者社会网络中成员之间相互认识的比率。保留适当的社会资本冗余，有助于提高创业者社会网络的安全性；但过高的社会资本冗余度，将明显降低社会资本的效用，弱化创业者的信息获取能力与资源有效通达能力。

表2反映了苏南与苏北地区创业者社会资本的冗余度。总体上看，被调查的创业者社会资本冗余度尚处于可接受的范围之内，并没有出现明显偏高的社会资本冗余度。这一社会资本结构，既能够保证创业者有效通达更多的资源，获取更全面的信息；同时也能够确保创业者在某一网络通路出现故障时，通过迂回通路达到自己的目的。从表2看，苏北创业者的社会资本冗余度显著低于苏南，这一差异表明：苏北创业者更多的利用生人网络，而苏南创业者则更多的发展熟人网络。苏北创业环境的相对复杂，要求创业者从更多渠道来获取创业信息与创业资源，因而创业者不得不主动寻求对生人网络的开发。总体上看，个人社会资本可能给苏北创业者带来了比苏南创业者更高的效用。

表2 创业者社会资本冗余度

	社会资本冗余度
总体均值	34.38
苏北均值	30.89
苏南均值	36.61

（三）社会资本类别的重要度比较

社会资本的积极贡献在于，其拥有者可以透过社会网络来控制与使用社会网络中的嵌入资源。显然，个人社会网络中有不同类别的成员，其所嵌入的社会资源存在显著差异；而且在创业不同阶段，这些嵌入资源的作用也会有所不同。中国私营企业课题组（1994）的大样本调查发现，私营企业管理者主要关注社会资本的两个方面：一是在创业初期为了获得贷款，重视与金融部门人员的社会资本积累；二是为了获得政府支持，与政府部门的官员搞好关系以招揽项目。张厚义（2002）对私营企业的研究发现，私营企业经营者最看重的是关系，在朋友里排第一位的是政府官员，其次是银行职员，这些关系甚至比商业机密还重要。

表3反映了不同类别社会资本对苏南、苏北创业者而言的创业重要度。无论是从总体角度看，还是分别从苏南、苏北地区角度分析，不同类别社会资本对创业者的创业重要度都存在显著差异。从总体角度看，对江苏创业者而言最重要的社会资本类别是企业中高层管理者，有37.28%的受访创业者认为企业中高层管理者对创业最重要，其次分别是行政官员、金融机构中高层负责人、企业业务员、技术研发人员、一般公务员、其他人员与金融机构一般职员；总体而言，一般公务员、其他人员与金融机构一般职员对创业者创设企业基本没有影响，企业中高层管理者、行政官员、金融机构中高层负责人则可以显著地推动创业行为的发生。从地区比较角度分析，企业中高层管理者、行政官员、金融机构中高层负责人、企业业务员对创业的重要度在苏南、苏北虽然有一定差异，但重要度的排序并无不同。关键的差异在于：一般公务员在苏北创业中具有较高的重要度，而技术研发人员则在苏南创业中拥有较高的重要度。这一差异表明，与苏北相比，苏南创业者更多的依赖技术基础，基于技术领先的创业倾向更明显。

表3 不同类别社会资本的创业重要度

	行政官员	一般公务员	金融机构中高层负责人	金融机构一般职员	企业中高层管理者	企业业务员	技术研发人员	其他人员
总体均值	22.49	2.96	16.57	0.59	37.28	10.06	7.10	2.96
苏北均值	22.73	6.06	19.70	1.52	37.88	7.58	1.52	3.03
苏南均值	22.33	0.97	14.56	0.00	36.89	11.65	10.68	2.91

表4统计了不同类别社会资本在苏南、苏北新创企业发展中的重要度。与创业者创设企业相比，各类别社会资本的重要度发生了明显变化。虽然从总体上看，依然是企业中高层管理者、行政官员、金融机构中高层负责人分列前3位，但企业中高层管理者的重要度已经从37.28%显著下降到了28.40%，而金融机构中高层负责人的重要度则从16.57%显著上升到了19.53%。对创设企业来说，位居第4位的社会资本类别是企业业务员，而对新创企业发展而言，位居第4位的则是技术研发人员。企业业务员可以为创业提供机会，而创业发展则更多的需要技术研发来提供支持。同样，与创设企业相比，一般公务员对新创企业发展的作用有所上升，而其他人员对创业发展的作用则有所弱化。

表4表明，各类别社会资本对新创企业发展的作用，在苏南、苏北存在明显差异。对苏北新创企业来说，金融机构中高层负责人最重要，有25.76%的创业者认为金融机构中高层负责人是自己创业发展最重要的社会资本；而对苏南新创企业而言，企业中高层管理者是最重要的社会资本，有33.98%的创业者指出企业中高层管理者是自己创业发展最重要的社会资本。只有19.70%的苏北创业者认为企业中高层管理者对新创企业发展最重要，企业中高层管理者在苏北社会资本类别排名中只居于第3位；同样，只有15.53%的苏南创业者认为金融机构中高层负责人是创业发展最重要的社会资本，金融机构中高层负责人在苏南社会资本排名中也只居第3位。由于苏北资金相对缺乏，资金来源渠道单一，创业发展更多依赖银行信贷资金，因而金融机构中高层负责人对新创企业发展显得尤为重要。而对经济环境相对成熟的苏南地区而言，新创企业的发展更多依赖企业中高层管理者的科学决策和来自外部企业中高层管理者的业务支持。基于同一原因，企业业务

人员在苏北新创企业发展中具有更重要的作用，而技术研发人员则在苏南新创企业发展中发挥了更大影响。

表4 不同类别社会资本的创业发展重要度

	行政官员	一般公务员	金融机构中高层负责人	金融机构一般职员	企业中高层管理者	企业业务员	技术研发人员	其他人员
总体均值	23.08	4.73	19.53	0.59	28.40	9.47	13.61	0.59
苏北均值	22.73	6.06	25.76	0.00	19.70	13.64	10.61	1.52
苏南均值	23.30	3.88	15.53	0.97	33.98	6.80	15.53	0.00

（四）社会资本利用方式比较

不同于物质资本，社会资本不会因为使用而减少，但会由于不使用而枯竭。社会资本具有可再生性，是非短缺的，而且将随着不断的消费和使用而增加其价值。基于社会资本的这一特殊属性，为充分发挥社会资本的作用，创业者应当积极地利用个人社会资本。杨俊和张玉利（2008）对创业者利用社会资本的方式进行了研究，指出创业者依据机会特征适当选择社会资本利用方式有助于创业成功。表5表明，所调查的创业者基本上都对个人社会资本进行了积极的利用，只有极少数的创业者是在被动地等待社会资本自发的发挥作用；而且从创业者对社会资本的利用方式看，多数创业者都选择了根据创业发展需要积极开发新的社会资本。从地区差异看，苏北地区创业者积极开发新社会资本的比率高于苏南地区3.87个百分点，而苏南地区创业者则在选择性利用社会资本选项上高于苏北地区2.47个百分点。这一结论和苏南、苏北社会资本冗余度差异保持了较好的一致性，正是基于苏北地区创业者对新社会资本更为积极的开发，使得其社会资本的冗余度低于苏南地区。

表5 不同地区创业者社会资本利用方式

	选择性利用	积极开发新资本	被动等待
总体均值	37.90	59.80	2.40
苏北均值	36.36	62.12	1.52
苏南均值	38.83	58.25	2.91

四、区域创业能力差异分析

根据问卷调研的具体数据，对创业环境支持力、创业主体的行动能力、创业资源支持力各题项分别进行信度检验，得到 Cronbach's α 值分别为 0.844、0.741、0.622。也就是说，问题 T1、T2、T3、T4、T5 和 T6 有效测量了创业环境支持力，问题 T7、T8、T9、T10 和 T11 有效测量了创业主体的行动能力，问题 T12、T13 和 T14 有效测量了创业资源支持力。对各题项进行数据缩减，以提取主成分，在运算过程中利用方差最大法进行旋转，得到旋转主成分矩阵，如表6所示。

表6 Rotated Component Matrix（a）

	Component		
	1	2	3
T1	0.673		
T2	0.538		

续表

	Component		
	1	2	3
T3	0.660		
T4	0.812		
T5	0.850		
T6	0.809		
T7		0.541	
T8		0.684	
T9		0.805	
T10		0.715	
T11		0.523	
T12			0.772
T13			0.755
T14			0.514

Extraction Method: Principal Component Analysis.
Rotation Method: Varimax with Kaiser Normalization.
a Rotation converged in 6 iterations.

表6表明，提取的主成分与预设的变量保持一致，可以将问题T1、T2、T3、T4、T5和T6命名为创业环境支持力，将问题T7、T8、T9、T10和T11命名为创业主体的行动能力，将问题T12、T13和T14命名为创业资源支持力。表7列出了受访创业者对全部14个题项的回答平均值，并根据表7数据计算得出创业环境支持力、创业主体的行动能力和创业资源支持力的评价值，如表8所示。

表7 全部14个题项受访者的平均得分

	T1	T2	T3	T4	T5	T6	T7
总体均值	3.59	3.66	3.40	3.30	3.21	3.12	3.34
苏北均值	3.55	3.52	3.38	3.20	3.13	3.07	3.31
苏南均值	3.65	3.86	3.44	3.45	3.33	3.20	3.38
	T8	T9	T10	T11	T12	T13	T14
总体均值	3.81	3.79	3.68	3.69	3.09	3.34	3.52
苏北均值	3.83	3.69	3.58	3.55	3.09	3.19	3.30
苏南均值	3.79	3.95	3.83	3.91	3.11	3.58	3.86

表8 创业环境支持力、创业主体的行动能力和创业资源支持力的评价值

	环境支持力	主体行动能力	资源支持力
总体均值	3.38	3.66	3.32
苏北均值	3.31	3.59	3.19
苏南均值	3.49	3.77	3.52

从表7数据看，各题项的评价值都不是很理想，题项T12的评价值最低，只有3.09；题项T8的评价值最高，但也仅有3.81。分地区看，除题项T8外，苏北地区受访创业者对创业环境的评价值均低于苏南地区。

从表 8 看，创业环境支持力、创业主体的行动能力和创业资源支持力的评价值均处于较低水平，其中创业主体的行动能力的评价值相对最高，为 3.66，创业资源支持力的评价值相对最低，为 3.32。从地区比较角度看，苏北地区受访创业者对创业环境支持力、创业主体的行动能力和创业资源支持力的评价值均低于苏南地区。从具体指标看，无论是苏北地区还是苏南地区，受访创业者对创业主体的行动能力的评价值均在三个评价指标中处于最好水平。对苏北地区创业者来说，对创业环境支持力的评价值要高于对创业资源支持力的评价值；而对苏南地区来说，对创业环境支持力的评价值则低于对创业资源支持力的评价值。也就是说，苏北地区创业者更多地感受到了来自创业环境的支持，而苏南地区创业者则更多地感受到了来自创业资源的支持。

五、区域创业战略差异分析

本文用创业方式、创业行业、创业规模与市场定位来描述创业者的创业战略，通常而言，创业者将根据自身条件与外部市场环境，对自己的创业战略组合做出合适的抉择。

创业者在创业时，有些选择自己独立创业，另一些则可能倾向选择合伙创业。独立创业最终形成的是独资企业，是企业制度序列中最初始和最古典的形态，也是民营企业主要的企业组织形式。独立创业条件下，企业资产所有权、控制权、经营权、收益权高度统一，这有利于保守与企业经营和发展有关的秘密，有利于个人创业精神的发扬；而且企业经营好坏同个人经济利益紧密相连，外部法律法规等对企业的经营管理、决策、进入与退出、设立与破产的制约较小。但独立创业往往难以筹集大量资金，而且投资风险完全由个人承担。因此，那些风险承受能力相对较差而且自有资金不足的创业者，将倾向选择与他人合伙创设企业。

表 9 反映了受访创业者创业方式选择的总体分布，以及苏南、苏北地区的分布状况。从总体角度看，江苏创业者更多的倾向选择合伙创业，而独立创业的创业者则只占 43.2%。从地区角度看，苏南与苏北的创业者在选择创业方式时，存在明显的差异：苏北创业者明显地倾向于选择与他人合伙创业，以快速筹措创业与发展资金和分担创业风险；只有 1/3 的苏北创业者会选择独立创业。苏南创业者在创业方式选择上并没有明显的倾向性，独立创业与合伙创业的比率基本相当；这可能和苏南地区创业者相对具有更好的创业资金基础和较好的风险承担能力有关。

表 9 苏南、苏北创业方式比较

	独立创业	合伙创业
总体均值	43.20	56.80
苏北均值	33.33	66.67
苏南均值	49.51	50.49

创业行业选择，受到创业者个人偏好、既有经验基础、创业初始资金、所在区位、消费群体特征等诸多条件的影响，而不尽相同。一般而言，创业者应当选择那些国家政策鼓励和支持，并有发展前景的行业；但对资金规模较小的创业者来说，进入那些竞争性的行业也许是一个更合适的选择。

受访创业者的行业选择分布如表 10 所示。从江苏的总体分布看，受访创业者显然更多的是进入了批发、贸易企业，其次是未列明的其他行业，最后是餐饮、旅游、咨询、培训与咨询等服务性行业，资本密集型制造业位居第 4，运输、流通类企业位居第 5；行业排名前 5 位的分布率都超过了 10%，其他 4 个行业的分布则都在 10% 以下。从行业属性看，服务性行业显然是江苏创业者的主要选择。从地区角度看，苏南、苏北受访创业者的创业行业分布存在明显差异：苏北创业者在资本密集型制造业，批发、贸易企业，运输、流通类企业的分布比率明显高于苏南创业者，而在餐饮、旅游、咨询、培训与咨询等服务性行业，以及其他行业的分布比率则明显低于苏南创业者。对苏北地区而言，创业行业分布前4位的依次是：批发、贸易企业，资本密集型制造业，运输、流通类企业，其他行业。而对苏南地区而言，创业行业分布前4位的则依次是：其他行业，批发、贸易企业，餐饮、旅游、咨询、培训与咨询等服务性行业，零售企业。

表10 苏南、苏北创业行业选择比较

总体均值	8.28	10.65	1.78	26.04	8.88	10.06	11.24	2.37	20.71
苏北均值	7.58	18.18	1.52	31.82	7.58	15.15	4.55	0.00	13.64
苏南均值	8.74	5.83	1.94	22.33	9.71	6.80	15.53	3.88	25.24

表11反映了受访创业者的创业规模分布状况。从总体上看，所有受访创业者都倾向于选择小型规模。受访的江苏创业者中，40.24%的创业者初创企业规模在500万元以下，也就是说是从微型企业起家；有39.64%的创业者创业规模在501万~5000万元，属于小型企业的范畴；从中型以上企业创设企业的创业者只占20.12%。同样，苏南、苏北创业者的初创企业规模也存在明显的地区差异：苏南初创企业的规模明显小于苏北；苏南初创企业基本上都是小型、微型企业，而苏北初创企业在各规模上都有15%以上的分布，尤其是在1亿元以上的初创企业，其分布比例高达22.73%。苏北创业者初创企业规模的整体偏大，可能在很大程度上是由于其更多的选择了合伙创业的结果；但也可能是受到不同地区创业者在创业行业选择上的影响，苏北创业者在资本密集型制造业中较多分布，显然在一定程度上抬高了苏北创业者的初创企业规模。

表11 苏南、苏北创业规模比较

单位：%

	500万元以下	501万~5000万元	5001万~1亿元	1.1亿元以上
总体均值	40.24	39.64	8.88	11.24
苏北均值	30.30	31.82	15.15	22.73
苏南均值	46.60	44.66	4.85	3.88

江苏科技创业研究报告指出，科技创业的市场定位十分重要，一定要紧贴市场，这是决定创业成功的关键。[1]对所有的新创企业来说，其实质都是如此。创业者必须根据企业自身产品特点，准确做出目标市场决策。一般而言，初创企业都是将国内市场作为自己的目标市场；但对那些天生国际型企业[2]来说，国际市场就是其创设时的目标市场。表12反映了受访创业者的市场定位分布状况。从江苏全省看，略多于3/4的创业者将其目标市场选择为国内市场，以服务于本土消费者为主；但也有15.38%的新创企业，其目标市场以国际市场为主；另外，尚有8.88%的创业者没有明确的市场定位。从地区比较角度看，苏南、苏北创业者的目标市场选择也表现出明显差异：由于受到后发创业和国内市场相对饱和的严峻竞争压力的影响，相对更多的苏北创业者选择了天生国际化创业道路；此外，在"无明确目标市场"的选项上，苏北地区的分布比率也稍高于苏南地区。

---

[1] 钱志新.江苏科技创业的成功实践.新华日报，2007-04-23.
[2] 天生国际型企业的概念由Cavusgil、Oviatt、McDougall和Knight等研究者提出，指自创立之日起即直接服务海外市场、具有特别的国际竞争优势的新创企业，其国际化路径完全不遵循传统的国际化渐进式模型。

表12 苏南、苏北市场定位比较

	国际市场为主	国内市场为主	无明确目标市场
总体均值	15.38	75.74	8.88
苏北均值	21.21	69.70	9.09
苏南均值	11.65	79.61	8.74

六、区域创业主体差异分析

创业主体是指以个人或团队为核心的具有相应知识资本并能协同进行创业活动的创业团队或个人，它是创业活动的策划者、推动者、组织者和执行者。根据创业主体与创业行为之间关系的不同，可以把创业主体区分为隐性创业主体、潜在创业主体和显性创业主体；其中隐性创业主体是有创业意愿的社会个体，潜在创业主体是正在寻找创业和实施创业准备的社会个体，显性创业主体是正在实施创业的社会个体。本文针对的创业主体是显性创业主体，并且将分别从主体性别、年龄、文化、归属地4个角度来探讨苏南、苏北创业主体的属性差异。

我国女性创业始于20世纪80年代。"2007中国女企业家发展报告"显示，中国的女企业家人数占到了企业家总数的20%，女性自主创业的比例比10年前提高了17个百分点，达到了21%。但相比男性而言，女性创业的整体参与程度仍较低。"2008~2009年度中国百姓创业致富调查报告"显示，该年度男性创业者的比例为72.96%，而女性创业者仅占27.04%。尽管女性创业者比例较2006~2007年度的25.76%有所上升，但并没有改变男性创业者占绝对主导地位的现状。[①] 徐晓(2010)指出，我国男性创业活跃程度比女性高，二者比例大致为1.5:1。表13反映了受访创业者的性别分布状况。无论是从总体角度看，还是从地区角度看，男性创业者所占比重都在80%以上，占绝对多数。苏南、苏北创业者的性别分布存在一定的差异，苏北创业者中，男性比例高于总体水平，达到了89.39%，女性创业者的比例仅占10.61%；相对苏北而言，苏南女性创业者的比例要稍高一些，苏南创业者中有15.53%是女性，比苏北地区高4.92个百分点。

表13 苏南、苏北创业主体性别分布

	男性	女性
总体均值	86.39	13.61
苏北均值	89.39	10.61
苏南均值	84.47	15.53

研究发现，25~44岁是参与创业活动最集中的年龄分布。在我国18~24岁的成年人在创业中一直保持较高的比例，2006年为18.34%，高于其他国家。在中、高收入水平国家，创业者的年龄主要是25~44岁；而在中国，35~44岁是创业者较多的年龄段。[②] 表14反映了受访创业者的年龄分布状况。从总体分布看，受访创业者主要分布在31~45岁，占了全部受访创业者的58.58%，这和全球创业观察所提供的我国创业者年龄分布数据基本一致。30岁以下与45~60岁的创业者分布比例基本相当，都在20%左右。60岁以上的创业者微乎其微，基本上属于小概率事件。从地区角度看，苏南地区30岁以下的创业者所占比重明显高于苏北，而45~60岁的创业者苏南则低于苏

---

① 女性创业者：一路艰辛一路歌. 奉化新闻网 (http://www.fhnews.com.cn/system/2010/09/26/010020345.shtml).
② 全球创业观察. 中国报告, 2006.

北；这表明，与苏北地区相比，苏南创业者显得更年轻化，这可能与苏南地区民营经济发展较早、富二代创业较多有关。在富裕的家庭经济基础的支持和父辈成功创业经验的激励下，苏南大量年轻的富二代纷纷走上了独立创业的道路，从而在一定程度上推动了苏南地区创业的低龄化趋势。

表14 苏南、苏北创业主体年龄分布

	30岁以下	31~45岁	45~60岁	61岁以上
总体均值	20.12	58.58	20.71	0.59
苏北均值	15.15	57.58	25.76	1.52
苏南均值	23.30	59.22	17.48	0.00

Lussier的研究指出，没有受过大专教育的创业者比受过大专以上教育的创业者更容易失败。Brockhaus指出，创业企业家受教育的平均程度高于一般大众，且不同产业的创业企业家受教育程度亦不同，如高科技产业的创业企业家平均学历要比一般产业的创业企业家的平均学历高。"全球创业观察2006中国报告"指出，高收入水平国家中，大学以上学历创业者所占比重较高，其次是专科学历、高中学历、高中学历以下；中等收入水平国家中，专科学历排在第一位，大学学历排第二，然后是高中学历。而在中国，占创业者比重最高的都是初等教育水平。虽然我国受过高等教育的创业者比重在上升，2006年已经超过20%，但我国目前创业者的受教育结构并没有发生实质性变化。徐晓（2010）指出，创业者受教育程度与创业类型有较大相关性；在生存型创业中，高中以下学历占47.9%，高中学历占36.5，本科学历占10.2%，研究生占5.4%；在机会型创业中，高中以下学历占比26.3%，高中学历占23.5%，本科学历占30.6%，研究生占19.6%；显然学历高者更倾向于机会型创业。表15反映了受访创业者的文化分布状况。从全省看，江苏创业者中占绝对主导地位的是大专与本科，其次是高中与中专，然后是本科以上，初中及以下仅占0.59%；这一数据表明，本次受访创业者的受教育水平明显高于全国平均水平，受过高等教育的创业者占了绝大多数。江苏相对较发达的高等教育水平，为创业者受教育水平的提升提供了可靠基础，但这一结果也可能在一定程度上受到了选样分布偏差的影响。从地区比较的角度看，苏南地区创业者的受教育程度明显高于苏北地区，这与苏南地区高等教育相对更发达密切相关。苏南、苏北地区创业者受教育水平结构的差异意味着，与苏北地区相比，苏南地区创业者更多的是基于创业机会的机会型创业。

表15 苏南、苏北创业主体文化分布

	初中及以下	高中与中专	大专与本科	本科以上
总体均值	0.59	18.93	62.72	17.75
苏北均值	1.52	25.76	57.58	15.15
苏南均值	0.00	14.56	66.02	19.42

从现有文献看，对创业者归属地的研究尚没有引起足够的关注；虽然有少数文献在探讨农民的异地创业问题，但研究并不深入，也没有形成研究热点。创业者究竟是在家乡所在地创业，还是在非家乡所在地创业，其面临的创业环境与创业基础明显不同，创业发展的艰辛与所需要付出的努力也不尽相同。尽管如此，由于受到区域特定创业政策和产业发展基础的吸引，还是会有创业者走出家乡，选择在异地创业。而对一个特定区域来说，本地居民与外来人员的创业比率，在很大程度上反映了当地的创业文化，以及本地居民的创业活跃程度、对勤奋工作的认同度与风险承受能力的大小。表16反映了受访创业者在创业主体归属地层面的分布状况。从全省总体状况看，江苏省本地居民创业和外来人员创业的比例基本相当，本地创业比例高异地创业0.6个百分

点。而从地区比较角度看，苏南、苏北创业主体归属地分布则存在明显差异：就苏北地区而言，本地居民创业占有明显的比例优势，外来人员创业在苏北创业主体中所占的比例比本地居民创业比例低12.12个百分点。苏南地区的情况则与之相反，外来人员创业在苏南创业主体中占有更多的比例，异地创业的比例高本地创业6.8个百分点。也就是说，与苏北地区相比，苏南地区的创业环境更具吸引力，更多外地投资者倾向于在苏南地区开展异地创业活动，从而导致外来人员在苏南创业主体结构中占据了主导地位；而苏北地区对外来创业者的吸引力则相对较差一些，本地居民在创业主体结构中占据了主导地位。此外，这一创业主体归属地分布差异也可能说明，苏南地区本地居民由于具有相对较高的收入水平，生活压力相对较小，因而表现出相对较弱的创业意识，从而导致本地居民创业占比低于外来人员。

表16 苏南、苏北创业主体归属地分布

	家乡所在地创业	异地创业
总体均值	50.30	49.70
苏北均值	56.06	43.94
苏南均值	46.60	53.40

七、结　论

本文通过问卷发放，收集了苏州、无锡、镇江、南京、扬州、泰州、南通、连云港与徐州等地合计169份有效问卷；然后利用问卷数据，从区域社会资本差异、区域创业能力差异、区域创业战略差异、区域创业主体差异4个方面，分别对苏南、苏北的创业活动进行了定量比较研究。

基于区域社会资本的比较发现，苏南、苏北地区创业者在社会资本结构方面存在显著差异，苏北地区创业者在金融机构开发社会资本的存量明显高于苏南地区，而在技术人员与企业中高层管理者中所开发社会资本低于苏南地区。总体上看，苏南地区创业者社会资本的冗余高于苏北地区。从地区比较角度分析，企业中高层管理者、行政官员、金融机构中高层负责人、企业业务员对创业的重要度在苏南、苏北虽然有一定差异，但重要度的排序并无不同；关键的差异在于：一般公务员在苏北创业中具有较高的重要度，而技术研发人员在苏南创业中具有较高的重要度。对苏北地区而言，创业发展更多的依赖银行信贷资金，因而金融机构中高层负责人对新创企业发展显得尤为重要；苏南地区新创企业的发展更多的依赖企业中高层管理者的科学决策和来自外部企业中高层管理者的业务支持，以及技术研发人员作用的发挥。苏南、苏北创业者在社会资本的利用上都采取了较为积极的策略，而且在利用方式上并没有明显差异。

本文从创业环境支持力、创业主体行动能力、创业资源支持力3个层面来测量区域创业能力。定量分析表明，苏南、苏北的创业能力总体上均只处于中等水平，其中创业主体行动能力的评价处于最好水平。从区域比较看，苏南地区的区域创业能力稍好于苏北。苏北地区创业者对创业环境支持力的评价值高于对创业资源支持力的评价值，而苏南地区创业者对创业环境支持力的评价值却低于对创业资源支持力的评价值；苏北地区创业者更多地感受到了来自创业环境的支持，而苏南地区创业者更多地感受到了来自创业资源的支持。

本文选择利用创业方式、创业行业、创业规模与市场定位来描述创业战略。定量分析表明，苏南、苏北地区在创业方式、创业行业、创业规模与市场定位层面均存在明显差异。基于更好的创业资金基础和较好的风险承担能力，苏南地区创业者更多的选择了独立创业。在行业选择上，苏南创业者更多地进入了服务性行业。苏南初创企业基本上都是小型、微型企业，而苏北初创企业在各规模上都有15%以上的分布。苏北初创企业规模的整体偏大，可能在很大程度上是由于其更多的选择了合伙创业的结果；但也可能是受到不同地区创业者在创业行业选择上的影响，苏北创业者在资本密集型制造业中较多分布，显然在一定程度上抬高了苏北创业者的初创企业规模。从地区比较角度看，由于受到后发创业和国内市场相对饱和的严峻竞争压力的影响，相对更多的苏北创业者选择了天生国际化创业道路；此外，在"无明确目标市场"的选项上，苏北地区的分布比率也稍高于苏南地区。

本文特别对苏南、苏北地区创业主体属性差异进行了比较。研究发现，苏南、苏北创业者的性别分布存在有一定的差异，苏北创业者中，男性比例达到了89.39%，女性创业者的比例仅占10.61%；而苏南创业者中有15.53%是女性，比苏北地区高4.92个百分点。从地区角度看，苏南地区30岁以下的创业者所占比重明显高于苏北，而45~60岁的创业者苏南则低于苏北；与苏北地区相比，苏南创业者显得更年轻化，这可能与苏南地区在富裕的家庭经济基础的支持和父辈成功创业经验的激励下，大量年轻富二代纷纷走上了独立创业道路有关。苏南地区创业者的受教育程度明显高于苏北，这与苏南地区高等教育相对更发达密切相关；苏南、苏北地区创业者受教育水平结构的差异意味着，苏南地区更多地表现出机会型创业倾向。在苏南地区，外来人员创业在创业主体结构中占据主导地位，而苏北地区则是本地居民创业在创业主体结构中占据主导地位；这在很大程度上反映了苏南、苏北在投资吸引力与创业活跃度层面的差异。

〔参考文献〕

[1] 贾延红，张忠德. 区域社会资本在区域创新系统中的动力作用. 西安工程大学学报，2008（2）.

[2] 裴志军. 区域社会资本的维度及测量：基于浙江省县域的实证. 统计与决策，2010（9）.

[3] 李乾文. 公司创业导向的差异分析：基于环渤海地区企业所有权差异的实证研究. 科学学研究，2007（4）.

[4] 江三良. 创业氛围：不同地区企业创生行为差异新解. 安徽大学学报：哲学社会科学版，2009（2）.

[5] 樊平. 社会流动与社会资本：当代中国社会阶层分化的路径分析. 江苏社会科学，2004（1）.

[6] 中国私有企业主阶层研究课题组. 我国私有企业的经营状况与私有企业主的群体特征. 中国社会科学，1994（4）.

[7] 张厚义. 私营企业主是中国社会阶层结构的重要组成部分//陆学艺. 当代中国社会阶层研究报告. 北京：社会科学文献出版社，2002.

[8] 杨俊，张玉利. 社会资本、创业机会与创业初期绩效理论模型的构建与相关研究命题的提出. 外国经济与管理，2008（10）.

[9] 徐晓. 我国青年就业创业的理论和实践. 中国共青团网，http://www.ccyl.org.cn/zhuanti/tgjyz/xxcl/201001/t20100112_327678.htm.

Regional Entrepreneurial Comparative Research: Analysis Based on Jiangsu Samples Enterprise

Liu Xingguo[1]　Shen Zhiyu[2]

(1. China Enterprise Confederation, Beijing　100048;
2. Institute of Industrial Economics of CASS, Beijing　100836)

Abstract: Based on the questionnaire survey data, paper discussed quantitatively on entrepreneurial activity between north Jiangsu and South Jiangsu, includes four aspects, such as the regional social capital, regional entrepreneurial ability, regional entrepreneurial strategy, regional entrepreneurial main body. With regional social capital comparison, we found that the social capital structure is significantly different between the entrepreneurs of northern and the southern, different social capital of entrepreneurship has different important degree to entrepreneurial and start-up enterprise's development, and southern have higher social capital redundant than northern, but here is no obvious difference to use social capital between both. The entrepreneurial ability of southern area is slightly better than northern, but both are only in the medium level. We found obvious difference between southern and northern in venture way, industry selection, business scale and market positioning. Southern entrepreneurs are more to create new business independently, to enter into the service industry. New venture of southern has smaller size than northern, and position more in the domestic market. In view of entrepreneurs attribute differences, the south of Jiangsu province has higher proportion of women entrepreneurs, lower average entrepreneurial age, significantly higher education level, and the significantly higher proportion of outside entrepreneurs.

Key Words: Regional Entrepreneurial; Social Capital; Entrepreneurial Ability; Entrepreneurial Strategy; Entrepreneurial Main Body Attribute Differences

【企业战略与创新管理】

福特与乔布斯管理模式的比较分析

徐艺文

(首都经济贸易大学工商管理学院,北京 100070)

[摘 要] 福特和乔布斯,一个是人类工业时代最有代表性的企业家,一个是信息时代最有代表性的企业家,两位都是美国实战派的管理大家,他们的管理实践是人类两个时代最具典型意义的,他们的管理理念对跟随其后的管理者产生了重大的影响。本文首先陈述了两位的生平,比较两位的早年生活,寻找他们后来产生管理行为的根源;接着结合他们成年以后的传奇故事和各种评价,从管理理论、管理成就和管理局限三方面比较他们的管理思想并分析他们的管理行为,本文旨在找出从工业社会到信息社会管理实践演变的轨迹,为今后的管理发展指明方向。本文的基本结论就是两位根据时代的特征进行了大胆的创新和实践,并最后获得了成功。福特将美国变为"车轮上的国家",乔布斯为世界打开一扇扇崭新的窗口。

[关键词] 福特;乔布斯;工业社会;信息社会

从工业时代到信息时代,管理的理念、手段、方式等都经历了不断的变化。就像从泰勒的科学管理、法约尔的现代经营管理到彼得·德鲁克的企业家创新精神,我们必须承认管理领域已经发生了不可逆转的变革。作为管理者,就一定要思考和利用这些已经发生的变革,让这些巨变时代的管理理论指导管理实践。这些管理者或者说企业家便成为当之无愧的实践大家。从工业时代走到现在,管理史上出现过无数的实践大家,他们的创业历史、经营理念以及企业文化为后人留下了无数值得学习和借鉴的经验和教训,同时也让我们看到了管理更重要的一面——实践的意义。

产生卓越的创意,作出重大的发明,聚集巨额的财富,这种事情古往今来有许多例子,亨利·福特不过是其中之一。然而福特的汽车极其深刻地改变了人们的生活形态,他采用流水线生产方法,让大部分中产阶级能够以低廉的价格享受汽车。在福特之前,人们只知道生产作为奢侈品的汽车,福特却知道为人民大众生产汽车,人民大众也以丰厚的金钱给他做酬劳。福特不是什么纯洁善良之人,为了争夺企业控制权,曾经采取赤裸裸的不正当竞争手段;他也不是什么永远正确之人,晚年一再犯下严重的错误,差点颠覆自己首创的事业。就算有这些缺点和错误,人们依旧铭记他,因为今天的每一条乡间公路,每一个市郊的居住区,每一辆可以以低廉价格买到的平民汽车,都出自福特的伟大创意。福特对世界的功勋,岂止会存在一百年,就算一千年后的人们都会铭记。

乔布斯则是另外一种伟大人物,他擅长把死气沉沉的东西变得充满个性,把阴暗的生活变得充满阳光。经过他设计的电脑,不知道为什么,总比竞争对手多一点感人的力量;经过他改造的MP3和手机,居然从毫无特色的日用品变成了有特色的先进商品。乔布斯在我们的时代,是福特

[作者简介] 徐艺文(1989—),女,辽宁本溪人,现就读于首都经济贸易大学,攻读硕士研究生,研究方向:企业管理

主义的反面。这个世界在无差异化和日用品化方面做过头的地方，由乔布斯来纠正；被磨灭的激情和被扼杀的想象，由乔布斯来复活。奢华个性到了极点，就继以简约俭朴；简约俭朴到了极点，又要继以平凡的奢华。如果没有乔布斯的苹果公司，生活中将会缺少多少"触"手可得的快乐？世上有那么多人崇拜他，有年轻人，也有老人，恐怕不止是崇拜其财富，而是崇拜其贡献与创造力。

每个时代都有其不可替代的英雄人物和时代标杆，在工业和信息这两个时代，本文认为创造汽车王国的亨利·福特（Henry Ford）和打造网络天下的史蒂夫·乔布斯（Steve Jobs）是当之无愧的时代英雄。被誉为"汽车之父"的亨利·福特与"创新教父"的史蒂夫·乔布斯都是西方社会实战派管理大家的代表人物。虽然他们之间相差了近一个世纪，指导两位的管理思想也大相径庭。亨利是泰勒思想的践行者，乔布斯则置身于德鲁克、彼得·圣吉等信息时代管理大家所提倡的管理理念的氛围之中。但两位仍有诸多相似之处，除了管理思想、个人信念非常相似以外，最重要的是福特和乔布斯都是将理论付诸实践的管理者。之所以选择两位作为比较，最重要的原因在于福特是"旧经济"的开创者和代表者，而乔布斯则是所谓"新经济"的开创者和代表者。他们能代表工业时代和信息时代的管理特点，也能为我们发现管理领域的发展趋势提供有力的证据。本文是对工业社会和信息社会下的亨利和乔布斯进行研究的，所以全文的背景及研究环境是以工业时代和信息时代下的美国大环境为主，更具体地说，本文只探讨从亨利出生到其执掌福特公司的最后一刻（1863~1946年）和乔布斯出生到辞去苹果行政总裁职务为止（1955~2008年）这一期间两位的管理理念和实践行为。

本文从对两位的简介开始，接着分析比较他们的管理理念、管理成就以及管理缺陷。比较分析福特和乔布斯的管理思想就不得不涉及两位所处时代的管理，这对我们了解现代管理思想产生及发展的过程有重大的参考价值，从他们的成功和失败中，我们可以更好地借鉴和学习，以促进现代管理水平的提高。更有意义的在于可以通过史料说明道理，揭示一个多世纪以来的管理轨迹，为未来指明方向。这对我们以后在管理领域的研究也有重要的意义和借鉴。

一、福特与乔布斯：比较分析

（一）管理者成长背景的比较

工业社会的福特和信息社会的乔布斯，他们的出生时间相差了92年，出身背景也大不相同，他们身上的不同之处太多，但是他们都固执、洞察力敏锐、对事物有独到见解，所具有的市场判断力、个人信念、管理思想十分相似。本文的这一部分就比较分析福特和乔布斯的个人经历，因为每个人的思想都和他们的经历有密切的关系，了解了他们的个人经历，更有助于我们了解两位思想的形成轨迹。

1863年7月30日清晨，一个婴儿用响亮的啼哭声向世人宣告着他的来临，他不仅给这个家庭更给这个国家带来了无比的欢乐。因为在若干年以后，"亨利·福特"这个名字就已经变成了一个特殊的代号，它似乎不属于其他人而只和"汽车大王"紧紧地联系在一起。童年时期的他就幻想着"许多农活必定可以某种更为有效的方式加以完成"。随着工业与经济的发展，富有的农场主开始使用机械代替劳动力工作，这样大大减轻了人们的负担。福特也逐渐地意识到只有机械才能把人们从繁重的劳动中解脱出来，并从此对机械产生了浓厚的兴趣。

19世纪末期，弗里德里克·温斯洛·泰勒等工业家把实现劳动产出效率最大化落实为具体的操作机制，然而，他们的"科学管理"意念对这个密歇根小男孩来说几乎是与生俱来的。这一点他妹妹玛格丽特描绘得很清楚："亨利总想花最少的时间和精力把事情做出来，如果能用较简便的办法完成一件事，那么这件事本来就应该这样做。"正是由于亨利·福特出生在这样一个任务繁重的人家里，才使他更能体会到减轻负担增加工作效率的重要性。而当时以蒸汽机为主的机械设备对农业生产方式产生着深刻的变革，也对小福特有着深远的影响。

亨利·福特（1863~1947）于1903年创立福特汽车公司。1908年福特汽车公司生产出世界上第一辆属于普通百姓的汽车——T型车，从此改变了美国人的生活方式，世界汽车工业革命就此开始。对机械的痴迷和执著，不仅完成了亨利·福特的梦想——造一辆大众化的汽车，更为他日后成为汽车工业的鼻祖奠定了基础。与亨利·福特相比，史蒂夫·乔布斯的家庭条件则要差得多。

1955年2月24日，史蒂夫·乔布斯出生在美国旧金山。刚刚出生，就被在一家餐馆打工的父亲与潇洒派的酒吧管理员母亲遗弃了。幸运的是，一对好心的夫妻收留了他。虽然是养子，但养父母却对他很好，如同亲子。学生时代的乔布斯聪明、顽皮、肆无忌惮，常常喜欢别出心裁地搞出一些令人啼笑皆非的恶作剧。不过，他的学习成绩倒是十分出众。

当时，乔布斯就生活在后来著名的"硅谷"附近，邻居都是"硅谷"元老——惠普公司的职员。在这些人的影响下，乔布斯从小就很迷恋电子学。一个惠普的工程师看他如此痴迷，就推荐他参加惠普公司的"发现者俱乐部"。这是个专门为年轻工程师举办的聚会，每星期二晚上在公司的餐厅中举行。就在一次聚会中，乔布斯第一次见到了电脑，他开始对电脑有了一个朦胧的认识。

在上初中时（1976年），乔布斯在一次同学聚会上，与斯蒂夫·沃兹尼亚克（Steve Wozniak）见面，两人一见如故。斯蒂夫·沃兹尼亚克是学校电子俱乐部的会长，对电子有很大的兴趣。

1974年，他赚钱往印度灵修，吃尽苦头，只好重新返回雅达利公司做了一名工程师。安定下来之后，乔布斯继续自己年少时的兴趣，常常与沃兹尼亚克一道，在自家的小车库里琢磨电脑。

1976年4月1日，乔布斯、沃兹尼亚克及乔布斯的朋友龙·韦恩（Long Wayne）做了一件影响后世的事情：他们三人签署了一份合同，决定成立一家电脑公司。随后，21岁的乔布斯与26岁的斯蒂夫·沃兹尼亚克在自家的车房里成立了苹果公司。公司的名称由偏爱苹果的乔布斯一锤定音，称为苹果。后来流传开来的就是那个著名的商标——一只被人咬了一口的苹果。而他们的自制电脑则被顺理成章地追认为"苹果Ⅰ号"了。

（二）管理成就比较

1913年，福特汽车公司开发出了世界上第一条流水线，这一创举使T型车一共达到了1500万辆，缔造了一个至今仍未被打破的世界纪录。更重要的是，流水线的发明与推广使福特彻底改变了生产的工作程序和管理方式，把管理人改变成像泰罗那样管理时间。标准化的程序会因一个人的延误而影响整个流水线的效率。"时间"自动完成对工人的监督并消除了工序之间的积压，工作的质量和效率对工人的技术和管理者的能力的依赖大大减轻了。那些刚刚从事生产线的工人只需要经过简单的培训，就可以高效率高质量地工作，专业化的生产方式让雇员再也不需要像欧洲工人那样一代又一代以口传身教的方式进行手艺积累了。正像福特在其自传《向前进》中所说的那样："如果一个设备能够提高10%的效率，或者能够节省10%的时间，那么，假如没有采用这个设备就等于损失了10%的利润……我自己的工厂就是依据上述原理生存和发展的。当然，这些原理完全是顺应自然的产物。"

福特不但革命了工业生产方式，而且对现代社会和文化起到了巨大的影响，因此有一些社会理论学家将这一段经济和社会历史称为"福特主义"。福特为此被尊为"为世界装上轮子"的人。1999年，《财富》杂志将他评为"21世纪商业巨人"，以表彰他和福特汽车公司对人类工业发展所作出的杰出贡献。他用人生中最黄金的前20年证实了市场下的管理，然而其在关键的后20年又固执地反抗着管理下的市场。命运的成功和先验的反抗塑造了亨利·福特执著、幽默、感性、粗暴和独裁等气质。在逝世前不久，福特汽车的市场反馈和占有份额成了总结英雄半生的笑柄，逝世后，他那孤独者的管理气质牵引着人们纷纭的感慨、默默的祭奠。虽然亨利·福特的事业以在威逼下不得不让权的下场而悲情地落幕，但是其在20世纪商业史上所作出的惊天动地的事情以及对美国所做的贡献是所有人都无法忽视和忘却的。

"未来主义者"阿尔文·托夫勒（Alvin Toffler）在其著作《第三次浪潮》中将人类历史分为农业社会、工业社会和信息社会。就像工业社会取代农业社会一样，不可避免地，信息社会也终将工业社会取而代之。用托夫勒的话说就是，"体力劳动经济"已经被"脑力劳动经济"所取代。信息社会的史蒂夫·乔布斯就如当时的福特一样，凭着一个单纯而宏伟的目标——改变世界，在十几年的商场拼搏中，乔布斯帮助苹果成为全球最具有创新力的公司之一，创造了iMac、iBook、iPod、iTunes、iPad、iPhone等一系列产品，苹果几乎无处不在。

早在20世纪80年代的时候，就已经可以清楚地看出，虽然未来的电脑也许并不是真正的Mac电脑，但是不管是外观还是工作方式上，它们肯定会跟Mac电脑非常相似。Android是专门针对移动设备而开发的一款系统，但是从其核心来说，它仍然是想为那些不知因为何种原因不想使用iPhone的智能手机用户提供一种类似于iPhone的手机体验。

与乔布斯对比最接近的名人可能不是比尔·盖茨或者杰克·韦尔奇（Jack Welch），而应当是托马斯·爱迪生（Thomas Edison）和亨利·福特（Henry Ford）。爱迪生并不是第一个使用电的人，福特也没有发明汽车。但他们都是将当时的最新技术推广应用到大众日常生活中的天才，在推广最新技术的过程中，他们便改变了人们每天的生活和工作方式。乔布斯也做到了这一点。

（三）管理理论的比较

福特和乔布斯的成功，验证了一条经济学的基本规律：如果市场起飞，那些恰好在起点进入市场的人，将会获得超过一般数学期望值的投资回报。福特和乔布斯把握了一个与新兴产业一起成长的市场机会，一飞冲天。虽然把握时机是乔布斯和福特成功不可忽视的重要因素，但绝不能全部归功于此。在他们创业以及守业的过程中，出色的管理才能以及独特的管理手段，特别是突破束缚的创新能力比机遇更有力地发挥了至关重要的作用。

19世纪末20世纪初，是人类现代化进程亦即工业化发展明显加快的时期。在此时期，科学技术得到了空前发展，社会生产力水平也达到了一定的高度。但是，当时一个突出的矛盾就是管理落后于技术，致使许多生产潜力得不到充分的发挥。这种情况首先引起了企业中一些具有科学知识和管理经验的管理人员和技术人员的关注。他们围绕如何提高企业劳动生产率的问题进行了大量的实验和研究，提出了一系列科学的管理制度和管理方法，完成了从经验管理向科学管理的转变，使管理学正式成为一门科学。弗里德里克·温斯洛·泰勒（Frederick Winslow Taylor，1856~1915）便是科学管理的创始人。

福特时代正是"科学管理兴起的时代"，一种管理理论是否能够成立取决于企业家们的实践，如果在实践中走不通，这种理论再好也会被人们遗忘。泰勒的科学管理是针对传统的经验管理而提出的，它是一种真正意义上的现场管理，工作地管理，其中心问题是提高劳动生产率，追求的是效率，福特的管理实践成为泰勒科学管理理论的试验场。在泰勒的《科学管理原理》一书中，泰勒认为最好的管理是一门实在的科学，它是以明确规定的法则、条例和原理为基础的。泰勒经过对传统经验管理和科学管理的比较分析，为科学管理制定了四项新任务，这也是科学管理应该遵循的四条原理：第一，对工人操作的每个动作进行科学研究，用以替代老的单凭经验的办法。第二，科学地挑选工人，并进行培训和教育，改变过去由工人任意挑选自己的工作并根据各自可能进行自我培训的情况。第三，与工人亲密协作，以保证一切工作都按已发展起来的科学原则去办。他认为，工人为了获得高的报酬，是乐意与管理人员合作的。这也为福特日后的5美元工作日提供了依据。第四，正确地划分工人与管理人员之间的工作，形成管理者与工人的经久性合作。

20世纪90年代以来，特别是在人类进入21世纪之际，全球的政治、经济、社会文化发生了巨大的变化。知识经济的到来使信息与知识成为重要的战略资源，而信息技术的发展又为获取这些资源提供了可能。这种变化如德鲁克在其著作《巨变时代的管理》中所提到的："一百多年来，所有发达国家都逐步进入以组织的雇员为主的社会。现在，这种趋势自己发生了倒退。以美国为首的发达国家在组织与组织工作的个人二者之间的关系上和不同组织之间的关系上正在迅速地进入网络社会。要在这种新型的网络社会中进行管理，我们需要不同的行为、技巧和态度。"彼得·圣吉也在其《第五项修炼》一书中对信息社会的管理精神做如下结论："全球企业正在形成一个共同学习的社会"，"90年代最成功的公司，将是那些建基于学习型组织的公司。"乔布斯经历的正是信息革命风起云涌的时代，彼得·圣吉的学习型组织、大前研一的专业主义特别是管理实践学派彼得·德鲁克的理念，贯彻在乔布斯的苹果公司，乔布斯的管理实践成为现代管理理论的试验场。

二、管理模式的演化

（一）演化理论的基本思想

演化经济学是以达尔文的生物进化论和拉马克的遗传基因理论为思想基础研究社会经济系统动态演化规律和发展趋势的学科。尽管演化经济学流派众多，还存在着划分标准不统一，缺乏统一、严格的概念界定等问题，但是演化经济学用超越静态均衡分析的眼光审视和认识企业、竞争和战略的演变历程，竞争的动态过程，可以使人们更好地把握企业竞争发展的规律，更符合企业发展的现实，因此近年来得到迅速发展。其中，演化模型关于创新形成机制的经典解说，是由纳尔逊和温特在借鉴生物进化论的遗传—变异—自然选择的思想的基础上，把创新（多样化、变异）作为知识载体的企业（遗传）和市场选择融入演化理论的分析框架，建立了以惯例—搜索—选择环境的分析逻辑。他们的演化理论就是建立在这三个概念基础上的。

在他们的演化理论中，用惯例这个概念表示技术和行为战略，同时将技术变化定义为具有以下特征的过程：技术创新与资本是可以分离的（技术没有嵌入到资本之中），与一个企业的资本存量有关的技术变化仅需要承担创新或模仿搜寻的成本，不需要借助资本本身的投资展开。在纳尔逊和温特的演化模型中，经济体系中存在普遍的适应性学习行为，企业自身仅按照给定的搜寻和投资规则行事，并且企业不需要按照自己的经验积累修改这个规则，从这个意义上看，企业本身不具有"心智"创造特征。企业是否从事创新搜寻活动是基于它们对其表现是否满意，企业在它们所搜寻到的技术中进行选择，而搜寻的范围根据假设可以是企业相关临近领域中的"就地搜寻"，也可以是在陌生的、新的技术领域中进行的。

学习对于经济体系的演化是极为重要的。"学习型经济"这个术语就代表了一种学习能力对经济成功具有关键意义的描述，并且这一术语与"信息社会或信息经济"密切相关。但作为学习的产物，即知识，是一个比信息宽泛得多的概念，因此，这两个概念又有区别。信息是能够转化为"字节"并可以通过计算机网络有效传递的那部分知识，而学习所产生的诀窍、技巧和能力经常是意会性的，并非可以被明确阐述，因而也不能通过电子通信网络有效地传递。知识经济和学习型经济有时被视为相互替代物，显然，这两个概念之间存在着密切的联系。但学习型经济这一概念比知识经济这一概念有更深的含义。

首先，它不但包括了直接以知识生产和分配为目的的机构（如学校等）的分析，更主要的是将基于日常例行事务的学习过程纳入到分析之中。根据经济理论的传统定义，学习强调了知识创造是日常例行事务的副产品。其次，虽然知识存量分析对于理解经济增长的长期特征是有益的，但这有可能意味着把分析中心放在了对现有资源即知识存量的配置方面，而非新资源的形成，即创新方面，不能体现出学习过程的动态特征。因而，对企业层面的学习过程如何影响企业自身演化进而影响经济体系演化进行分析，是演化理论的一个重要内容。最后，从层级嵌套的角度看，经济结构（如产业组织）和制度组织也会影响企业的学习过程，影响企业的创新过程。

（二）福特管理模式的演化

尽管指导亨利·福特和史蒂夫·乔布斯的管理思想不尽相同，但可以看出从亨利·福特到史蒂夫·乔布斯，管理已经不再是一种随机的、感性的行为，而是一种对科学的演化过程。福特和乔布斯都将同时代的基本管理理论付诸实践，他们的管理措施融合了最具时代特征的管理思想，同时又不断学习有利于企业发展的创新等先进的思想和理论知识，蕴涵着属于自己的管理思想和理念，更确切地说，他们十分清楚自己为何"管理"及如何去"管理"。这才是他们能成为世纪伟人最关键的一点。

T型汽车出现后，福特汽车公司的经理们很快发现他们的设备不足以满足这种畅销产品的要求。实际上公司1908年推出T型车时的组装技术与5年前公司刚成立时毫无二致。

福特厂当时和其他汽车制造厂一样，依靠全能技工组装汽车。组装工都是多面手，当岗位上的汽车部件一旦要变为成品时，他们就得走向下一道工序。后来程度有所改进。到1908年，工厂设了传递工，组装工无须再离开岗位去取工具或零件。同时，组装分工越来越细，原来是一名技工"包干"，现在是由几名技工各负责特定的几项工序，同时组装同一辆汽车。

福特意识到公司的生产方式亟待改革，于是，1908年底，他决定请当时公认的工厂专家沃尔特·弗兰德斯进厂协助。弗兰德斯被任命为福特汽车公司的生产经理。在工资条件方面，福特提出，如果弗兰德斯能在12个月内生产出1万辆车，那么保证给他2万美元奖金，这种做法尚无先例。

弗兰德斯热衷于此种工作，并以自己的名誉担保。他日以继夜地干，为福特的技术管理立下了汗马功劳。他彻底改造了福特厂，将设备加以改装，又添了新设备，同时简化了公司的工资程序，最后，1万辆车的年度指标终于提前两天完成。由于他的努力，福特公司基本具备了现代化大规模生产的条件。

接着，福特公司在底特律市郊高原公园购买了大片廉价地皮，同时雇用了建筑师设计新办公楼和工厂区。这个新厂于1910年开工生产。福特厂组装方式的革命即是在这里进行。

福特及其工程师们作出的第一步重大改革，是在新建的部件中反复改组各部门的工序。技术人员在部件车间的布局上抛弃了老一套做法，吸收了弗里德里克·泰勒数年前在美国钢铁业提出的流水线生产理论，创造了新的汽车生产方式。福特的原则是：任何布局都必须能使工件尽可能不受阻碍地从一台机床"流"向另一台机床，尽量减少不必要的动作和碍手碍脚的隔机搬运。到了1910年，福特厂在流水线生产方面已走到了同行业的最前列。

到1913年末，福特又进行了几次反复的技术革新，终于取得了重大的突破，先是在部件生产中采用了传送带供应的方式，接着他们又将这种方式移植到车体组装中，将汽车组装工序从头到尾都置于"运动之中"，这种方法一举将组装T型车的时耗缩短了50%，创造了汽车生产的新纪录。1914年1月，福特又进行了另一项重大革新，在高原公园厂安装了第一条全过程链式总装传送带，其效果如同施展魔法。3个月后，福特公司宣布了一项新的世界纪录，它能在93分钟内从无到有地装成一辆汽车。至此，福特的自动化流水作业线全部完成。这在工业史上写下了光辉的一篇，为其后汽车工业的技术发展规定了模式。

其后，福特继续致力于流水线的改进。在1920年，他实现了每分钟生产一辆汽车的愿望，1925年，他创造了每10秒钟制造一辆汽车的纪录，在全世界同行业中遥遥领先。到20世纪20年代，福特汽车公司成为当时世界上最大的汽车公司，日产汽车9000辆，年销售汽车90万辆。

福特的名字也和他的T型车一起传遍全世界。

福特的创业精神令人钦佩，但其战略眼光尤值称道：首先是福特的创造性和划时代的发展策略——设计一种简单实用、价格便宜、能大规模生产的汽车，这是一项了不起的符合当时实际情况的策略。这一明智之举奠定了福特公司在汽车制造业的强者地位。其次是福特掀起的现代工业生产方式的革命——流水线生产，极大地提高了生产效率，使之成为制造业生产方式的光辉典范。最后要强调的是福特的战略思想是成就整个福特汽车制造帝国的灵魂，其审时度势的决策和前瞻性的眼光将是企业家们学习的榜样。

正如福特在自传《向前进》中开篇所说的："在我看来，如果我们不对机器操作了解更多，如果我们不去深刻地理解生活中的机器部分，那么，我们绝对不会有闲暇去欣赏树木、鸟儿、鲜花和绿地。""'企业中少一些官僚作风，政府中多一些商业关怀'这个口号之所以是好的，并不仅仅是因为它替企业或政府着想，而主要是因为它的落脚点是普通老百姓。商业的功用不是简单的赚钱或投机，而是为人们提供可以消费的产品。""他们在失败后还是不曾意识到此点，人们只注重工厂或销售场所的管理及其所需的资金，其实最基础的东西恰好是产品本身，没有足够的商品知识只能导致时间的浪费。我是在用了12年的时间来探索福特车型的模式，才制造出了T型车。大部分商家并非是想从根本上改变其生产方式，却只是在改变其产品。而我们的福特汽车公司却走上了与之相反的路。我们始终持续改变的是生产方式。"对于以上的所有独到见解，福特是这样告诉我们："我希望这理论能够把世界变得更便于人们生活，而远不只是作为一种商业理论存在。"事实证明，福特汽车公司的成功绝不等同于一般的商业成功案例，这是因为它以简单明了的方式证明，这些被亨利·福特称为"我的理念"，到目前为止仍旧正确。

（三）乔布斯管理模式的演化

在媒体报道中，不难发现乔布斯的几项个人特质，包含像"专注"、"完美主义"、"精英主义"、"专制"等。如果从经营与管理的角度重新诠释理解，在行销、产品设计与用人标准上，乔布斯都有他的独到见解。

1. 学会说"不"

和其他科技品牌大厂如索尼（SONY）或三星（SAMSUNG）比起来，苹果电脑的产品种类并不算多，这是乔布斯专注的结果。他坚持苹果只需专注在他们擅长的领域。把这些产品做到最好。从1990年末到2000年初，苹果最多只有6条产品线。即使到后来也只增加了iPhone、Apple Tv和一些iPod配件商品。而索尼光随身听就有600多种规格，索尼总裁霍华德·史汀格（Howard Stringer）曾哀叹地说："真希望索尼只有3项产品啊。"传统观念认为，企业能提供越多产品选择越好。然而每个产品势必耗损企业资源（时间、人力、金钱），苹果选择稳扎稳打。产品数量少却能攻下市场占有率（iPod约占MP3随身听市场的7成）。对乔布斯来说，专注的另一层含义是说"不"。当每一家厂商都推出某一种产品，提供一样的规格，苹果有勇气与自信给消费者不一样的感觉。就像1998年推出的iMac。乔布斯打破当时电脑的标准规格，拿掉软盘机，并首度在电脑上使用USB界面。虽然当时市场并不看好这项决定，但乔布斯深信，iMac被定位在"网络电脑"，使用者会选择用网络来传输、存取资料。这项改变让iMac显得极有未来感，而苹果也完成了创造划时代产品的目的。

2. 顾客放最后

很多企业喜欢声称他们是顾客导向，产品行销人员谦虚地使用问卷或焦点团体访谈（Focus Group）来接触使用者，直接问他们到底需要什么。乔布斯却不信这套，他只专注观察使用者经验，而且是他自己的使用经验。在科技产品上展现创意，是个人意念的表达。艺术家不可能依赖焦点团体访谈来决定创作方向，消费者也无法告诉企业如何进行科技创新。亨利·福特（Henry

Ford)曾说，如果当年他问消费者想要什么，他们会说要一匹跑得更快的马，而不是一部奔驰的汽车。美国最大的设计研究所——伊立诺理工大学设计学院院长派屈克·惠特尼（Patrick Whitney）也明白地表示，焦点团体访谈不适合用于科技创新。"使用者无法告诉你他们要什么。而是应该去观察并发现他们想要的。"

3. 不计成本追求完美

不计成本地追求完美是乔布斯的信念，也是苹果杰出设计的秘密。1999年1月，正当苹果要推出一系列彩色iMac的前夕，乔布斯在舞台上练习他的产品发表演说。一位在场的美国《时代》杂志记者事后转述，乔布斯为了让舞台上的新产品看来更耀眼，即使只是提前1秒钟打亮灯光，他也一试再试。回到产品设计面，乔布斯认为设计指的是产品"功能"而不是外观。为了贯彻他想让科技产品简单好用的理想，一个产品可能经历了无数次的从头来过。他也改良了设计流程，让不同团队同时参与，而不是一个接一个的线性流程。完美产品设计的最高境界，是所谓看不见的设计。苹果在意电源开关显示的亮度与颜色，在意电源线的设计，甚至连电脑内部线路的安排也赏心悦目。因为这些细节的视觉与触感，让苹果的产品独具一格。为了追求完美，乔布斯不讳言经常会碰到瓶颈，而突破瓶颈的方法，就是停下来。在制作皮克斯（Pixar）动画电影公司的第一部作品《玩具总动员》（Toy Story）期间，团队曾停工长达5个月，这段期间乔布斯仍然照付薪水让团队"游手好闲"。如果没有勇气停下来思考、重新想象，就不会有后来一炮而红的动画电影。

4. 只用最顶尖聪明的人

乔布斯有个令人退避三舍的恶名：地狱来的老板。他对团队的要求很高，也无法忍受不够聪明的员工。在他最著名的每周一马拉松式会议里，他会和相关团队检查整个事业体，包含上周公司卖了哪些产品、每一个还在发展中的商品、每一个遇到瓶颈的设计，一件一件仔细检查讨论。你一定会纳闷，既然如此，为什么还是有无数精英愿意跟在这个地狱来的老板身边做事？因为他创造了一个环境，在这里你可以完成其他地方无法完成的事。如苹果推出的任何一款电脑，其独特之处在于操作系统与硬件之间的完美结合。苹果几乎是业界唯一足以兼顾设计软件与硬件的企业，大部分电脑使用的操作软件与硬件厂商是没有交集的。但也因为这项优势，苹果可以发展出从里到外更符合使用者需求的产品。要找到最佳员工很难，想自己培养出优秀员工也不容易，最好的办法就是像乔布斯一样，打造一个竞争者无法取代的环境，和参与者一起完成梦想。

5. 创新＝借用＋连接

谈到创新，乔布斯总爱引用画家毕加索（Picasso）的名言："好的艺术家懂复制，伟大的艺术家则擅偷取。"他从不认为借用别人的点子是件可耻的事。乔布斯给的两个创新关键字是"借用"与"连接"。但前提是，你得先知道别人做了什么。乔布斯时时关注市场动态，无论是新科技或新产品问世，在观察与了解后做改良、借用或连接，是苹果擅长的手段。MP3随身听iPod和智慧型手机iPhone是改良市场产品的结果，而当年iMac上的USB界面，则是前所未有的借用与连接。苹果极少自己发明全新技术，他们把技术从实验室拿出来，以简单好用的方式交给一般人。连接，则需要涉猎多元文化与丰富人生经验。乔布斯一直对设计、建筑与科技领域有极高兴趣，他的办公室里总是堆满了被他拆解过的电子零件，他甚至会仔细检查同业大厂索尼公司宣传手册的字型、排版和纸的重量。他也经常带着团队参访博物馆以及各种特别的展览，以摄取设计与建筑领域的养分。再多的技巧，终究还是别忘了激发团队的热情，那是苹果成功的源头。研发出第一代苹果电脑的团队曾经像奴隶一般工作长达3年，他们依旧热爱那种每周工作90小时的生活。因为乔布斯让他们相信，他们所设计的电脑将会改变整个产业、整个时代。他们是融合科技与文化的艺术家，将无可取代。不论你喜欢这个人与否，乔布斯特立独行的管理与领导风格，确实带给许多管理者不同的思考方向，重新思索过去习以为常的管理原则是否依旧适用。

三、美国管理模式演化对我国企业管理创新的启示

从亨利·福特的标准化生产到史蒂夫·乔布斯的个性化创新演化过程，标志着世界经济增长对企业发展要求的转变，启发我们从以下角度来思索我国企业管理模式的管理创新演化。

（一）在理性与激情之间保持必要的张力

管理话语理论及管理时尚理论都指出，无论是管理话语还是管理时尚的发展都呈现出一种理性与规范或者说理性与人文交替发展的模式。并且，理性管理模式始终在管理模式的发展中占据主导地位，即使在所谓的规范管理理论比较凸显的时期也是如此，只不过是这一时期的规范性的管理话语、管理时尚相对于前一个时期来讲有了比较明显的增加而已。也就是说，西方的管理理论，尤其是规范性的或者说那些强调人本的管理理论，它的发展是处在一个讲求理性的背景之下的。我国企业管理模式的管理创新演化，必须在创作激情与脚踏实地的理性精神之间保持必要的张力，使两者平衡发展而非一方压倒一方。

（二）重视对本国文化资源，尤其是和合精神的研究

从管理移植的演化分析可以看出，成功的管理移植案例都植入了本国的优秀文化基因。国学与管理的结合非常值得学者进行尝试。深入研究本国传统社会中的管理经验，结合本国的具体管理情景及面临的特殊管理问题，融入文化传统中的精髓，是管理创新演化的一个重要途径，也是构建企业管理理论的中国话语的必然选择。当然，这种结合必须要与企业的实践结合起来，必须要注重国学过于注重"道"而忽略"器"，过于注重思辨而缺乏科学理性的问题，否则我们在这种结合式的研究中可能丧失必要的理性精神，使国学与管理的结合成为一场新的管理时尚而非一种真正的管理创新。

（三）关注中国特色的社会主义这一管理创新的主要现实背景

改革开放三十多年来，我国企业管理基本上是移植国外理性管理模式，而缺乏对其本土性的考量，真正本土化的管理创新十分有限，因而我们迫切需要基于本国情景的管理创新。我国目前正在建设的中国特色社会主义无疑是当代管理创新的最大国情和最真实的情景，从这样一种宏大的情景出发，反思西方理性管理模式，必然能够使之变异为适应我国国情的管理创新。将管理移植与创新深深植入作为马克思主义中国化最新形态的中国特色社会主义建设，将使中国的管理创新既有世界性意义又带有鲜明的中国特色。

〔参考文献〕

[1] Rumelt R. P., Schendel D. E., Teece D. J.. Fundmental Issues in Strategy. Boston: Harvard Business School Press, 1994.

[2] Foss N. J.. Evolutionary Economics and Theory of the Firm: Assessments and Proposals Research. Economics and Evolution. Edward Elgar Publishing Limited, 1997.

[3] Nelson R. R.. Why Do Firms Differ, and How Does It Matter. Fundmental Issues in Strategy. Harvard Business School Press, 1994.

[4] Barnett W. P., Burgel Man R. A.. Evolutionary Perspectives on Strategy. Strategic Management Journal, 1996 (17).

[5] Rumelt R. P.. Inertia and Transformation. Resource-based and Evolutionary Theories of the Firm: Towards a Synthesis. Kluwer Academic Publishers, 1995.

[6] Teece D. J., Pisano G., Shuen A.. Dynamic Capabilities and Strategic Management. Strategic Management Journal, 1997, 18 (7).
[7] Farjoun M.. Towards an Organic Perspective on Strategy. Strategic Management Journel, 2002 (23).
[8] 纳尔逊, 温特. 经济变迁的演化理论. 北京: 商务印书馆, 1997.
[9] 彼得·德鲁克. 巨变时代的管理. 北京: 机械工业出版社, 2006.
[10] 彼得·圣吉. 第五项修炼. 上海: 上海三联书店, 2009.
[11] 史蒂芬·沃兹. 亨利·福特: 他的生意和生活. 北京: 国际文化出版公司, 2007.
[12] 亨利·福特. 大管理. 哈尔滨: 哈尔滨出版社, 2004.
[13] 王云会. 福特: 驰骋百年的梦想. 北京: 中信出版社, 2004.
[14] 刘刚. 后福特制研究. 北京: 人民出版社, 2004.

The Comparison and Analysis of the Management Mode of Henry Ford and Steve Jobs

Xu Yiwen

(School of Business Administration of Capital Economics and Business University, Beijing 100070)

Abstract: Henry Ford and Steve Jobs, one is the most representative entrepreneur in the industrial age, and the other one is the most representative entrepreneur in the information age. They are all best practical managements in the United States. Their practice of management is most typical in two eras. Their management philosophy has had a significant impact on managers followed. First of all, this paper presents the background of them, and then compares their early life, in order to find the root of their subsequent practice of management. Moreover, we compare their management thinking from the two aspects of the management achievements and management theories, and analysis their management behavior, based on the legends and the evaluations of their adult lives. This paper intends to find out the track of the evolution of management practice, and direction for future management's development, from an industrial society to the information society. The basic conclusion of this paper is that they carried out innovations and practices boldly, based on the characteristics of the times, and they all finally succeeded. Ford had been America as "a nation on wheels", and Jobs had opened a new window for the world.

Key words: Henry Ford; Steve Jobs; Management Mode

【管理思想与组织文化】

王建国的理论与稻盛和夫的实践

程丽霞

(首都经济贸易大学工商管理学院，北京　100070)

[摘　要] 北京大学教授王建国在其提出的以文化为核心的六维管理理论中，将文化管理放在了核心与统帅的位置，而日本经营四圣之一、一生创办了两家世界500强公司的稻盛和夫认为人生/事业成功的最关键是坚持"作为人，何谓正确"的哲学，以他的成功验证了王建国文化核心论的正确性。两位的管理思想不谋而合，本文从理论与实证相结合的视角，在论述了文化核心论产生的背景、内容及应用意义的基础上，对两位的管理思想进行了对比研究。

[关键词] 六维管理；文化；经营哲学

一、引　言

稻盛和夫27岁时开始创业，赤手空拳40年间创办了两家世界500强企业——京瓷公司和KDDI公司。稻盛和夫65岁时从经营第一线引退，此后将心血倾注在"盛和塾"及"亚洲诺贝尔奖——京都奖"等公益事业上。2010年2月，日本首相鸠山三顾他所出家的寺院，请他出山执掌日航，稻盛和夫以78岁高龄，在既无行业经验又无专业技术的情况下进入完全陌生的行业，出任破产重建的日航"零薪董事长"，并在上任半年内奇迹般地将日航扭亏为盈，在截至2011年3月底的年度决算中，日航的利润是1884亿日元，创造了日航利润的历史纪录，并成为当年全世界航空公司中利润率、准点率、服务三项世界第一。稻盛和夫由于其在企业业绩、经营理念和社会责任方面的特殊贡献成为日本企业界的大师级人物。与本田宗一郎、松下幸之助、盛田昭夫并称为"经营四圣"，是目前唯一一位健在的四圣之一。他是一个通过光明大道获得巨大成功的典范，也是一个纯粹的理想主义和彻底的现实主义完美结合的典范。稻盛和夫的成功不是一般意义上的企业经营的成功，而是稻盛哲学的成功，同时，稻盛哲学与一般概念上的哲学有很大的不同。"我认为与别的哲学相比，稻盛哲学的一个显著特点，是它的实践性。稻盛哲学是稻盛从实践中总结出来的。当然稻盛哲学中还包括了古今东西先贤们的智慧，但稻盛的亲身实践是第一位的，对这种实践的深刻思考才产生了稻盛哲学。"(曹岫云，2010) 已故著名哲学家季羡林这样评价稻盛和夫："根据我七八十年来的观察，既是企业家又是哲学家，一身而两任的人，简直如凤毛麟角。有之自稻盛和夫先生始。"相比之下，与彼得·德鲁克的目标管理理论或者杰克·韦尔奇的数一数二市场原则等术法不同，稻盛和夫则偏于道法，重于心性。集东方儒释道哲学之大成，涵盖印度佛陀、泰

[作者简介] 程丽霞 (1973—)，女，首都经济贸易大学工商管理学院副教授，北京大学光华管理学院博士后，研究方向：管理理论、企业文化理论、稻盛和夫经营哲学。

戈尔、中国儒家和道家、明治维新三杰，这便是稻盛哲学。而哲学，正是企业文化管理的核心与灵魂，稻盛哲学的成功既是企业文化管理成功的典范，更是文化管理实践与理论兼具的代表。

无独有偶，"近年独立研究和发展的新流派管理理论"[①]王氏六维管理理论的创立者王建国早在10年前就开始向西方主流的管理理论说"不"，在扬弃西方现代管理理论的基础上，融入东方的管理经验和智慧，总结提炼当代管理的实践，用创新的观念和思维建立起来的一门区别于西方管理的全新管理理论——六维管理理论，该理论从六个方面讨论现代组织的管理：文化管理讨论怎样判别事物的对错，找正确的事做，以求效果；信息管理讨论怎样确定事物的客观性、可靠性，以求做真实可靠的事；知识管理讨论怎样用理性的、正确的方法做事，以求效率；艺术管理讨论管理人的艺术，使管理具有奇效和美感；权变管理讨论管理怎样适用时空和环境的变化，力求变通的做事；执行管理讨论管理的全面执行力，即文化、信息、知识、权变和艺术五个方面的执行力及其它们之间的相互关系。在六维管理理论中文化管理具有统帅的核心地位。王建国认为："其实，文化管理才是企业管理的核心，因为文化管理是要给企业注入使命、动力与激情，保证企业做正确的事，远比正确的做事重要，因为用正确的方法做错事会错得更远。正所谓有志者事竟成，志就是文化。"[②]他认为，文化管理的核心是要为组织确立一套做人做事的行为价值标准，以此来判别事物的好坏对错、成功失败、美丑善恶；判别什么事情是正确的，什么事情是错误的；判别哪些事是应该做的，哪些事是不应该做的；判别哪些事是第一重要的，哪些事是第二、第三重要的。这与稻盛和夫的判断哲学"作为人，何谓正确"有着异曲同工之妙。

如果说六维管理理论是基于东西方企业理论结合的产物，它的问世还需要等待世人的验证，那么稻盛和夫经营哲学的成功则为六维管理学提供了一个鲜活的案例。

笔者将一位理论工作者与一个企业家兼哲学家的经营之圣放在一起讨论，是因为在研究中发现，在大多方面，稻盛和夫的经营理论及实践与王建国的理论不谋而合，尤其是在文化管理于企业管理的重要性方面殊途同归的两位智者的思想不谋而合，稻盛和夫的成功也进一步验证了文化管理作为最重要的管理工具，对企业的指导意义和现实意义。一个经受检验的管理理论和成功的企业实践的完美结合正是管理学追求的最高境界。通过对二者的对照研究，我们更能把握理论的真谛，并为摸索中的中国企业发展提供借鉴。一位理论家，一位在实践中的大师，尽管他们未曾谋面，但是，他们的思想已经跨越时空碰撞在一起。

由于他们所在的领域、传统意识、文化背景与思维方式的差异，王建国创立的基于文化管理的六维管理理论与稻盛和夫的基于哲学的管理实践虽然有着异曲同工之妙，但亦有差异。如果缺少差异，对比就失去了意义。本文的宗旨，不是通过比较研究寻找二者全然的对应，意在选取其中几个主要的同、异之处进行比较，即可利用稻盛和夫基于哲学的管理思维的成果为现代企业管理提供新的实践手段，从实践的角度阐释经营哲学与管理文化在管理中的作用，避免盲目地崇尚理论带来的危害，也试图利用王建国的理论知识和方法系统地解释和梳理稻盛和夫的实践，为我们学习和借鉴稻盛和夫的管理经验提供系统而全面的理论指导，使稻盛和夫的实践经验系统化、理论化，从而为目前理论和方法都非常有限的中国企业文化管理提供一种有力的理论支持，使源于日本的企业文化理论在中国本土上移种成长，并结出理论与实践互化与函化的新成果。

二、思维方式的突破：文化管理时代的到来

自从1769年，世界上第一家现代意义上的企业在英国诞生，到21世纪的今天，企业管理理

---

①② 王建国. 用文化管理企业. 现代企业文化，2009（2）.

论的发展大致经历了这样几个阶段：在1911年之前，可以称为经验管理阶段，这一时期，用马克思的话说："资产阶级在它不到一百年的阶级统治中所创造的生产力，比过去一切时代创造的生产力还要多，还要大。"[①] 劳动生产率是这一时期的主要目标，但是，劳资双方的矛盾冲突也是随着生产力水平的提高而不断加剧，最终阻碍了生产力的发展。在此背景下，1911年约翰·泰勒的代表作《科学管理原理》的问世，标志着人类社会的管理从无序阶段走向了有序阶段，这是人类社会管理活动的第一次大飞跃。管理理论也先后经历了古典管理理论阶段、行为科学理论、百家齐放百花争鸣的现代管理理论丛林阶段，以及现代管理理论阶段。人们的管理实践与管理理论不断发展，不可否认，是因为管理这一事物的诞生，让人类社会飞速前进，使人类社会似乎无所不能，让人类飞上了月球，正如美国阿波罗登月计划总指挥韦伯所说："我们没有使用一项别人没有的技术，我们的技术就是科学地组织管理。"管理大师彼得·德鲁克也说："在人类历史上，还很少有什么事比管理学的出现和发展更为迅猛，对人类具有更为重大和更为激烈的影响。"人们的管理理论与管理实践不断发展。尽管如此，管理依然没有摆脱管理者作为管理的主体，被管理者作为做事的工具和管理的客体这一现状，管理仍然没有摆脱控制的本质，同时管理目标更多倾向于满足管理者的经济利益。传统管理仍然在不断地强化着人与人之间的不平等。

与此同时，人类追求"更加富裕、更加便利"的欲望推动着科学技术在飞速地发展，构筑了高度文明的现代社会，然而，科学技术是一把双刃剑，它反过来助长了人类欲望无止境地膨胀，甚至人类自信地认为：人定胜天。可是，回过头来看看，人一定胜天吗？我们会发现人类在自然面前有时候是那么的渺小和无力，海啸、地震、火山喷发、泥石流、南极冰融、干旱、气候异常、酸雨、大气臭氧层的变化等触目惊心的自然灾害层出不穷地考验着脆弱的人类。还有，随着科技的进步、经济的发展，人的精神道德停滞或者衰退，这是当今世界一个尖锐而深刻的矛盾。这个矛盾不仅使人与人之间、集团与集团之间、国家与国家之间纷争不断，而且使人类失去了对自然的敬畏，人类在掠夺自然、破坏自然的同时间接地破坏了自己，甚至丧失了人性。在动物世界，最凶猛的鳄鱼，不是在极其恶劣的环境下，迫不得已，很少进攻同类，而人类，在将自然作为奴隶驱使的同时，也逐步堕落为欲望的奴隶，开始残杀同类，这些如果不解决，现代文明乃至整个人类社会将不可避免地走向衰亡。

那么靠什么来拯救整个世界呢？

如果说19世纪是军事征服世界的世纪，20世纪是经济改变世界的世纪，那么，在21世纪的今天，一定是文化拯救世界的世纪。这是地球上的每个人义不容辞的职责。而企业作为主要的社会细胞，它的角色和使命正在发生着变化，今天的公司看起来像是家庭、居民区、政府甚至教会组织的代理人。它需要完成的任务比过去要广泛得多，"因为它是最好的代表了今天人们渴望达到的目标的机构。它使人们与社会联系起来，体现了社会上多数人的意见，并且接受变革"。[②] 对于那些具有自己的品牌、奋斗目标和企业文化的大公司来说，情况尤为明显。有些大公司竟然承担了看似与商业利益不相关的社会道德任务，这在发达国家已经越来越普遍。可以说，公司已经不是传统意义上的营利组织，它正执行着一些以往由其他社会团体和政府承担的任务。像以往那样仅仅考虑节约成本、占领市场，是根本完成不了新任务的。从政治学的角度看，公司在公共领域的作用也越来越显著。有学者指出，自20世纪70年代末以来，发达国家进入"公司扩张的时代"，[③] "公共领域正日益屈从于公司扩张的暴虐本性"。[④] 公司的作用类似于传统社会中有明确纲领的政治组织。甚至有人指出："今天，公司正以昔日教会支配社会的方式支配着社会。这一历史现

[①] 马克思，恩格斯. 共产党宣言. 北京：人民出版社，1972.
[②] 罗贝尔·萨蒙. 管理的未来：走向以人为本. 上海：上海译文出版社，1998.
[③④] 卡尔·博格斯. 政治的终结. 北京：社会科学文献出版社，2001.

实给予了公司一种重大的道德上的责任。"① 这种说法似乎有些夸张，然而，公司的性质的确已经无法用现代经济学术语来解释，其使命已经涉及教育、社会福利、环境保护等很多方面。公司的经营活动对社会的影响比以往任何时候都要大。总之，公司角色的转变和作用的增强对经营者提出了新的要求：公司必须像很多宗教和政治组织那样具有明确而又深刻的理念——经营哲学。

所以，被称做企业"第二只看不见的手"的企业文化理论在20世纪诞生，在短短的30年，就风靡全世界，成为许多企业走向成功的强大动力和重要法宝。中外研究企业文化的学者也很多，关于企业文化的重要性很多人都清楚，美国兰德公司、麦肯锡公司和国际管理咨询公司的专家通过对全球增长最快的30家公司的跟踪考察后，联合撰写了一份报告，他们写道，正如《财富》杂志评论员文章指出的那样，世界500强企业胜出其他公司的根本原因，就在于这些公司善于给其企业文化注入活力，凭着企业文化力，这些一流公司保持了百年不衰。而《财富》杂志在500强企业总结评选结果中提到，最能预测公司各个方面是否最优秀的因素是公司吸引、激励和留住人才的能力。企业文化是它们加强这种关键能力最重要的工具（布鲁斯·普福）。海氏集团副总裁梅尔文·斯塔克总结说："最受赞赏的公司的意见一致性超过我们研究的几乎所有公司。不仅在文化目标上一致，而且对公司如何争取那些目标的看法也是一致的。"可见，公司出类拔萃的关键在于文化。世界上的一切事物都有生命终止的一天，而唯一可以永生的就是文化。

文化管理对于企业管理的重要性，很多著作都有论述，但是，将文化管理作为企业管理中最重要的工具这一理论提出，却是从王建国的六维管理学开始，而稻盛和夫则用他的成功实践证明了这一点。

三、王建国的六维管理理论与稻盛和夫管理哲学关于文化管理的异同

笔者将从文化、信息、知识、权变、艺术、执行六个维度展开对二者的对比研究。

（一）文化维

这是"六维管理"理论与稻盛哲学最大的相同之处，它们均提出文化管理是管理的最高境界这一出发点和最终归宿。

在王建国的"六维管理"理论框架中，文化管理具有核心与统驭性职能。文化分广义的文化与狭义的文化，广义的文化指一切人为的东西，只要被人改造过的东西都叫文化，简单地说文化就是"人化"。管理的文化维是指狭义的文化，它是一个组织用来判断事物好坏对错的价值标准体系，这一价值标准体系的制度化和表达的具体形式，以及由这一价值标准体系产生的组织的意义、志向、动力、追求和激情。组织文化即组织的个性。文化管理的核心职能是要为组织确立一套做人做事的行为价值标准，以此来判别事物的好坏对错、成功失败、美丑善恶；判别什么事情是正确的，什么事情是错误的；判别哪些事是应该做的，哪些事是不应该做的；判别哪些事是第一重要的，哪些事是第二、第三重要的。王建国认为，文化管理之所以是整个管理系统中最重要的职能，是因为它能保证一个组织去做正确的而不是错误的事情、能为组织提供动力系统、追求方向和激情源泉。组织的文化管理职能是一切其他管理职能的前提，没有这个前提，一切其他管理职能便失去意义！

对于稻盛和夫的成功，日本媒体喜欢用"手腕"、"领袖魅力"这样的词汇来形容他，也有很多人说，京瓷的成功是因为拥有先进的技术，或者是因为赶上了时代的潮流，但是，经过研究，

---

① 罗贝尔·萨蒙. 管理的未来：走向以人为本. 上海：上海译文出版社，1998.

笔者认为，稻盛和夫的成功源于基于文化管理的成功。稻盛和夫的经营文化包括他对企业哲学的精准定位：作为人，何谓正确，以及对企业理念的定位：敬天爱人，以德经营，在带领全体员工创造物质财富和精神财富的同时为人类社会做贡献。稻盛和夫自己也认为他的成功源自经营判断基准的正确性，"不是'作为京瓷，何谓正确'，更不是'作为经营者的我个人，何谓正确'，而是'作为人，何谓正确'。因而，它就具备了普遍性，能够超越国境与民族，从经营者到员工，都能理念一致，步调一致，就能够成为全体员工所共有。正是因为京瓷集团的员工有这么一个统一的判断基准，才能超越半个世纪的社会变迁和经济起落，从未出现过一次赤字，顺利地持续地发展成长，从未偏离航向。"

稻盛和夫在实践中确立了这样一种基于哲学的企业文化，然后不折不扣地贯彻执行，将这一文化渗透整个经营实践中去，渗透每一位员工心中去，这样，就明确地告诉员工应该做什么，不应该做什么。同时，做一位好员工之前首先要学会做人，因此这种判断基准又必须以高度的道德观和做人准则为基础。把个人和团队的潜在能力充分发挥出来，那么即使能力平凡的人、平凡的团队，也能创造出不平凡的奇迹。而在创办KDDI的时候，稻盛和夫在通信领域可以说一无所有，没有知识、没有技术、没有经验，他以对稻盛哲学的自信，毅然决然地挥动令旗，取得了成功，稻盛和夫以自己的后半生进行挑战，就是为了证明这一点，证明哲学这个唯一的武器的力量。

2010年，稻盛哲学迎接来了第三次考验。赫赫有名的"日航"破产重建。日航的官商体制让所有的企业家望而生畏，没有人敢接这个烂摊子。而当稻盛和夫接手日航这个烫手山芋的时候，他仍然是使用他的法宝，把他的理念灌输给每一位员工，以他78岁的高龄，跟每一位员工谈话，到2010年1月，在不到一个财政年度的结算中，日航已经由接手时候亏损1000亿日元，转为盈利1000亿日元，如今的日航已经起航，这意味着稻盛和夫将再建第三家世界500强企业，而且他使用的"唯一的武器"——稻盛经营哲学，将会举世瞩目。

到这里已经是事实胜于雄辩，稻盛和夫用两个世界500强企业与一个起死回生的准世界500强企业证明了王建国将文化管理作为第一个维度、作为管理的核心和统帅无可辩驳的正确。也正是由于对"作为人，何谓正确"这一个理念的坚持以此来判别事物的好坏对错、成功失败、美丑善恶；判别什么事情是正确的，什么事情是错误的；判别哪些事是应该做的，哪些事是不应该做的。由此引申开来，以身作则，并说服员工去执行，才有了今天的稻盛和夫的成功。

（二）信息维

在六维管理理论中，对于信息管理的阐述是这样的：信息管理的核心是获得事物的确定性程度，力求做真实可靠的事情。事物确定性程度的信息是决策的依据，没有信息，用于作决策的知识就失去了舞台，就像没有光线条件下的视力如同瞎子一样。没有关于事情确定性程度的信息，我们做事就是盲目的！盲目地做事，天大的本事也是白搭。完全信息叫做确定；完全没有信息叫做不确定；部分信息叫做风险。信息是科学决策的前提，有信息的条件下用科学作决策，没有信息的条件下用非科学作决策。由此可见，王建国认为信息是决策的依据。

关于决策，稻盛哲学与王建国的理论有着本质的差异，首先，稻盛和夫做任何决策的依据仍然是"作为人，何谓正确"的哲学。如在创办第二家企业KDDI之前，所有的人都认为这是堂吉诃德战风车，社会舆论都认为，京瓷参与，必败无疑，因为日本的电信市场自明治维新以来一直是由日本电信电话公司（NTT）一家独占，通信费用贵得离谱。1984年，日本政府决定打破垄断，对通信事业实施民营化。稻盛和夫自己也坦承："在通信领域，我没有知识、没有技术、没有经验，一无所有。"用王建国的信息维度来判断，这样的事情是不能做的，但是，稻盛和夫却没有放弃，甚至充满自信地说，如果我在这个领域内挥动令旗，取得成功，就能证明哲学的威力。稻盛和夫的理念就是：京瓷理应挺身而出，为降低国民的通信费用而做出努力，做出贡献。依靠稻盛和夫的哲学，DDI 很快取得了卓越的成功。后来又合并了以丰田为大股东的两家通信公司，组成 KDDI。KDDI 飞跃发展，不久就进入了世界 500 强。现在 KDDI 发展为日本仅次于 NTT 的第二大电信公司。KDDI 的成功再一次证明了稻盛哲学的威力所在。关于方向性的决策，稻盛和夫的依据永远是"作为人，何谓正确"的哲学，但是，在具体工作中，信息就对决策有着重要的意义了，如在实行阿米巴经营的过程中，采取的"是高度透明的经营原则"，现在很多企业都开始简化原有的阶层制组织结构，向扁平化转变，但是，同时又会出现部门之间横向调整困难，信息流通不畅，导致决策出现迟滞，问题悬而不决。而"实习高度透明的经营原则"要求按照产品或者工序重新归类，整理各项信息，只要明确了信息的查询途径，就可以很快地找到所需的各项数据。

由此，是不是可以这样理解：第一，先用文化维度的企业哲学来做一个基准的判断，判别事物的好坏对错与美丑善恶；判别什么事情是正确的，什么事情是错误的；判别哪些事是应该做的，哪些事是不应该做的；是否为正确的事情。第二步，在判断符合企业基本文化哲学的基础上，再进行信息的搜集和整理，最终做出决策。

（三）知识维

如果说文化管理是企业的灵魂和统帅，阐述的是管理之"道"，那么从信息维开始，其他五个维度都是管理之"术"的阐述，而在"术"的层面上，知识维是最重要的一个维度，它有效实施的前提在于"道"。即第一个维度文化维所确立的正确事情，在稻盛哲学中即"作为人，何谓正确"的企业哲学。

在六维管理理论中，知识维实际上就是以正确的方法做事，把现在西方的管理原原本本搬了过来。现在西方的知识管理或者叫战略管理，有四大职能：计划、组织、领导、控制，核心是计划职能。知识管理追求效率，它以文化和信息为前提，以理性、普遍性和客观性为基础。也就是说，在事情本身是错误的、不确定的和没有普遍性的以及决策者是非理性的和主观的情况下，知识管理（科学、策略、制度、流程和技巧等管理手段）没有用武之地。当代西方管理学主要是一套知识管理系统，它以计划管理为起点，以战略管理为核心，强调制度和流程管理在管理中的重要作用。因为知识的普遍性、通用性和可学性，所以知识管理不可能保持长期垄断，知识管理创新是保持知识管理领先地位的唯一途径。

稻盛和夫所独创的"阿米巴经营模式"就是在扬弃了西方知识管理理论基础上的一种创新尝试。阿米巴经营模式源于稻盛和夫创业早年的困境，当时他一个人既负责研发，又负责营销，当公司发展到 100 人以上时，觉得苦不堪言，非常渴望有许多个自己的分身可以到各重要部门承担责任。于是，他把公司细分成所谓"阿米巴"的小型组织，如制造部门的每道工序都可以成为一个阿米巴，另外销售部门也可以按照地区或者产品分割成若干个阿米巴。每个小型组织都作为一个独立的利润中心，按照一个小企业、小商店的方式进行独立经营，进行独立核算，从公司内部选拔阿米巴领导，并委以经营重任，从而培育出许多具有经营者意识的领导。事实上，阿米巴经营模式与京瓷会计学（稻盛的专著《稻盛和夫的实学》进行了介绍），被称为稻盛经营哲学的两大支柱。

阿米巴经营是一种全员参与型的经营模式，是基于对员工的信任而把每个阿米巴的运营托付给员工，从而建立起一种朝着共同目标努力的强有力的合作关系。因此，阿米巴经营能够激发所有员工的主动精神，增强所有员工而不仅仅是一小部分管理层人员的成就感。阿米巴经营也不仅仅是进行现场改善的工具，而是一套完整的管理体系。同时，阿米巴经营又是一套极其合理的管理体系。单位时间核算制度，迅速反映市场需求的弹性组织和后面章节讲述的与其他组织结构的有机结合，最大限度地发挥了员工的潜能。

阿米巴经营模式是将领导力培养、现场管理和企业文化三大企业管理的难题集中在一起，予以解决的经营模式。阿米巴经营成功的关键在于通过这种经营模式明确企业发展方向,并把它传递给每位员工。因此,必须要让每位员工深刻理解阿米巴经营的具体模式,包括组织结构、运行方式以及背后的思维模式,也就是企业之道,这个"道"就是公司的经营理念:"在追求全体员工物质和精神两方面幸福的同时,为人类社会的进步发展做出贡献。"

(四)权变维

在这个维度,王建国的理论与稻盛和夫的实践既有相同之处,亦有很大的差异性。首先,在六维管理的理论框架中,王建国认为权变管理的核心是权衡环境的变化,在变化的环境下变通管理的方法尤其是变通控制的方法以达到管理的动态满意。这一点是毋庸置疑的,世事无常,一切都在变。王建国还认为,文化、信息、知识和艺术都是随着时空和情境的变化而变化的。如果环境变化了而不知道变通,文化、信息、知识和艺术就会成为僵化无用的东西。当环境改变的时候,文化价值观是会变的。过去正确的事情,现在可能是错误的,今天错误的事情明天可能是正确的,环境会改变文化,会改变人的价值判断。

稻盛和夫也很注重根据环境的变化来调整经营战略,但是,这个调整是有前提的,这个前提就是文化价值观永不改变,基于"作为人,何谓正确"的价值判断基准永不改变,也就是说,作为企业文化价值判断的企业哲学,无论在什么情况下,都是不能改变的。这是王氏六维管理理论与稻盛哲学的本质区别,王建国认为一切都是变化的,随着环境的变化,文化、信息、知识和艺术都是随着时空和情境的变化而变化的,尤其是文化价值观也会发生变化。而稻盛和夫尽管走过的路并不平坦,从 1959 年开始创业长达半个世纪的历程中,曾遭遇过多次经济衰退:20 世纪 70 年代开始的"石油冲击"导致了经济危机,80 年代出现了日元升值危机,90 年代发生了泡沫经济危机,2000 年以来又出现了 IT 泡沫危机。但稻盛和夫所领导的"京瓷"和"KDDI"两个企业集团,非但没有在危机中倒下,相反,却把每次危机都当做机会紧紧抓住,为企业的增长打下了坚实的基础。两个企业的累计销售额达到了 46000 亿日元,利润达到了 5000 亿日元。但是,这一切不过是对经营理念和原则的坚持。在《萧条中飞跃的大智慧》一书中,稻盛和夫毫无保留地阐述了企业应对经济危机的一条预防策略,在平日里打造企业高收益的经营体质;五条对策:全员营销、全力开发新产品、彻底削减成本、保持高生产率以及构建良好的人际关系。这些原理和原则可以切实有效地引导企业成长发展。所谓的"经营要诀"原本就不会受"时间"因素的影响,也就是不会因时代环境、景气动向的变化而变化,而基本精神应当是确定不变的。

在这里,笔者更认同稻盛和夫的观点,因为一切皆可变,中国古老哲学《易经》告诉我们的第一个道理就是变,但是,唯一不变的就是"道",而企业文化作为企业的文化价值判断体系,如果也是可以变化的,那么就证明这个"道"不是符合人类发展基准的大道。

(五)艺术维

在六维管理理论中,艺术管理讲的是如何用艺术而非科学的方法激励和领导不同的个人或团队以追求特效和美感。王建国认为:"人性有理性和共性的一面,更有非理性和个性的一面,前者用科学管理有效,后者用艺术领导才有效。一旦管理失去对被管理者的非理性和个性的敏感,它就不能用特殊的方法激励和领导特殊的人群。"这一点,稻盛和夫和王建国的观点是一致的。稻盛和夫在其著作《创造高收益——活用人才》一书中探讨的就是如何有效地激励和领导不同的个人和团队的管理艺术。如针对考核问题,稻盛和夫说:"企业内部考核难度极大,企业领导者不应只依赖各项规章制度,还应倾注心血,亲力督导手下员工。""考虑到种种人情世故和人的心理特征,在评价一名员工时就不能完全按照理性来进行。员工业绩提高了就增加奖金,业绩下降了就减少奖金的这种成果主义做法,虽然一眼看上去非常客观,然而在被不少大公司为首的企业采用之后,却并没有产生很好的效果。其根源还是在于这种做法最终会使企业员工丧失工作的积极性。"由此可见，在关于艺术地对不同的人和团队的管理方面，两位老师的意见是完全一致的。"艺术管理的境界是人性、自然、简单、和谐、特效和美感。"王建国如是说，而稻盛和夫一一做到了。

（六）执行维

在六维管理理论中，执行力管理讨论的是"1+1>2"的原理，即通过对上述五个维度：文化、信息、知识、权变和艺术五种执行力的协调管理以达到整体执行力的最大化。王建国这样论述以上五个维度之间的关系："没有文化执行力意味着做错误的事情，这时其他四种执行力不再具有任何意义；没有信息执行力意味着对事情的确定性程度盲目没有了解，其决策失去信息依据，此时知识执行力等于零，而文化、艺术和权变执行力则大打折扣；没有知识执行力意味着用错误的方法做事，它使其他执行力失去效率基础；没有权变执行力意味着做事僵化教条不能变通，它会大大增加其他执行力失败的几率；没有艺术执行力意味着不能因人而异地有效激励和领导人们积极努力工作，这时其他执行力必会事倍功半。可见，管理的整体执行力是五种执行力平衡协调发展的综合结果。"

综观稻盛和夫成功的实践，也是各个维度整合的成功，而他的成功，最终用一个方程式就可以完全表达，这个方程式就是"成功方程式"：成功=人格・理念（-100~+100）×努力（0~100）×能力（0~100）。"人格・理念"也就是"思维方式"，也可以理解为企业文化；努力，可以理解为员工的热情，即领导的艺术，领导者如何用艺术的管理方式调动员工的热情，让员工付出不亚于任何人的努力；能力，可以理解为知识，即企业所拥有的知识能力与科学管理能力。

这个方程式揭示了稻盛和夫的成功是文化、艺术与科学三者的相乘，也就是一种综合执行力。其中一项为零，或者为负，整个方程式便为零或者为负，也就是王建国所说的短板原理，企业管理这个水桶只要其中一块木板很短，那么这个水桶就是没用的。稻盛和夫的"人生方程式"一直受到高度评价。各界人士普遍认为，这个方程式揭示了稻盛和夫的成功是"思维模式"对人的重要性。我国台湾地区的黄柏霖曾经说："日本京都制陶董事长稻盛和夫，说一个人的成就取决于思考、热情、能力的相乘，一个不会思考、没有热情或不具备任何能力的人注定一事无成，故我们要能活得快乐，一定要三方面并进……一个人的成就和思考格局成正比，当一个人不断用否定的思考方式，不断地找借口，就注定要成为一位找借口的失败者，反之若能不断地用更高标准要求自己并找到足够正确的方法，则必成为一个成功者，这就是成功者的方法。故一个人所有外在的行为都是内心思想的反射，你常用什么样的思考方式在面对每件事呢？它就决定你的未来。"

稻盛和夫创建两家世界500强企业，就是运用这个方程式取得成功的经典案例。

四、结论：六维管理理论与稻盛哲学在应用上的互补

管理学作为一门科学肩负着推动人类进步和社会发展的重任，从约翰・泰勒的科学管理，到20世纪60年代的行为科学再到以人为本的经营，如今已经跨入了文化管理时代，其间从微观到宏观、从理论到实践、从科学到哲学，一直从未间断地改善着。《王氏六维管理理论》尽管还没有出版发行，但是，王建国公开发表的论文上已经阐明了该理论的主要内涵。这是一套有别于西方管理理论的创新之作，因为它揭示的不是一些管理的定律和结论，而是总结了西方管理理论的精华，融合东方文化的智慧和思考方式，谈论如何面对现实并改善心智模式，在基于价值判断的基础上，开展经营和管理的一种全新的思维模式。

而稻盛和夫经营哲学经历了长达半个世纪、两家世界500强企业以及拯救日航起死回生成功的检验，开始在人类的历史上闪烁着耀眼的光辉，作为一种管理的大智慧、大哲学，它是面向人

生的建议，是对生活的启示。从这个意义上讲，稻盛和夫的经营哲学和王氏六维管理理论的管理思想在很多方面是相契合的，如何将"人为什么活着"这一哲学命题应用到管理实践中去，稻盛和夫在实践上做出了圆满的榜样，而王建国的六维管理理论则在理论的高度做出了圆满的阐释。我们在两种思想中感悟了管理与人生的哲学，看见了对生活与事业的真知灼见。

〔参考文献〕

[1] 王建国. 用文化管理企业. 现代企业文化，2009 (2).
[2] 王建国. 六维管理理论 PK 西方管理学：王氏六维管理简析. 建设机械技术与管理，2006 (11).
[3] 王建国. 西方管理理论必须加以变通. 21 世纪商业评论，2005 (9).
[4] 稻盛和夫. 人为什么活着. 北京：中国人民大学出版社，2009.
[5] 稻盛和夫. 拯救人类的哲学. 北京：中国人民大学出版社，2009.
[6] 陈华蔚. 敬天爱人，以德经营. 南京：南京大学出版社，2009.
[7] 三矢谷，谷武幸，加护野忠男. 阿米巴模式. 北京：东方出版社，2010.
[8] 稻盛和夫. 创造高收益. 喻海翔译. 北京：东方出版社，2010.
[9] 罗贝尔·萨蒙. 管理的未来：走向以人为本. 上海：上海译文出版社，1998.
[10] 卡尔·博格斯. 政治的终结. 北京：社会科学文献出版社，2001.

The Theory of Wang Jianguo and the Practice of Namori Kazuo

Cheng Lixia

(School of Business Administration of Capital Economics and Business University, Beijing 100070)

Abstract: The culture management as the core of the six dimensions of management theory that provided by Professor Wang Jianguo of Beijing university, is in the position of core and commander in chief. And Namori Kazuo, one of the four holy of Japanese business who had launched two us-funded enterprises in the world, believed that the key to the success in life is to insist on the philosophy of "as a person, what is the correct". His success is given to demonstrate the correctness of Professor Wang's cultural-core theory. Their management ideas coincide with mine. In this paper, I have made comparative study on their management ideas based on discussing the generate background, the content and the application significance of the culture-core theory.

Key words: Six Dimensions of Management; Culture; Business Philosophy

【管理思想与组织文化】

荐举制度与考试制度在人才选拔中应用的比较研究

——基于科举考试兴废研究的启示

崔佳颖[1] 车宏生[2]

(1. 首都经济贸易大学工商管理学院，北京 100070；
2. 北京师范大学心理学院，北京 100875)

[摘 要] 中国古代封建社会选拔官吏的制度主要可分成两类：荐举制度和考试制度。这两种选拔制度存在较大差异，前者是由最高统治者或高级官员推荐官员的制度，重视推荐考查；后者是通过分科考试选拔官吏的制度，侧重因试取人。这两种选官方式又有相互交叉，如荐举制度中也有考试因素，科举制度中也有一些荐举因素。在隋至清末的1300年间，科举考试共历经了六次废除，各朝各代的统治者们在选拔人才时，不断地在荐举与考试制度之间反复实践。本文剖析科举考试兴废的原因，从人才选拔的视角比较科举考试制度与荐举制度的差异，希冀对当代的人才选拔有所借鉴。

[关键词] 荐举制度；科举制度；科举废除

中国古代封建王朝在选官制度上的变革，大致经历了远古时代的"禅让制"、封建领主贵族的"世袭制"、秦代的"军功爵制"、西汉的"荐举制"、魏晋时期的"唯才是举"、"九品中正制"及隋唐明清的"科举取士制"等发展阶段。总体来说，中国古代封建社会选拔官吏的制度主要可分成两类：荐举制度和考试制度。其中，春秋战国的荐举（含自荐）制、两汉的"察举制"、曹操的"唯才是举"和魏晋南北朝的"九品中正制"大体可归荐举之列；科举，即考试制度，则实行于隋至清末的1300年间。这两种选拔官吏的方式有较大差异，前者是由最高统治者或高级官员推荐官员的制度，重视推荐考查；后者是通过分科考试选拔官吏的制度，侧重因试取人。这两种选官方式又有相互交叉，如荐举制度中也有考试因素，科举制度中也有一些荐举因素。清代著名学者张之洞曾说："取士之法，自汉至隋为一类，自唐到明为一类……汉魏到隋，选举为主，而亦间用考试……唐宋到明，考试为主，而亦参用选举。"

在科举制度实行的隋至清末的1300年间，科举考试共历经了六次废除，其中缘由错综复杂，统治者在选拔人才时，也不断地徘徊于荐举与考试制度之间。本文试图从人才选拔的视角深入剖析科举考试废除的原因，比较科举考试制度与荐举制度的差异，力求从我国古代官员的选拔历程中找到对当代人才选拔的启示。

[作者简介] 崔佳颖（1976—），女，首都经济贸易大学工商管理学院副教授、博士；车宏生（1949—），男，北京师范大学心理学院教授、博士生导师。

一、荐举制度与考试制度的内涵比较

荐举制度与考试制度在人才选拔目标上具有一致性。无论是荐举还是科举，其目的都是为国家选拔有用的人才。清代思想家王夫之分析历朝历代实行荐举与科举制度时指出"能用人，可以无敌于天下"、"国无可用之人则必亡"，治理国家选拔官员时主张选贤使能，"以天下之禄位，公天下之贤者"，指出人才对治理国家具有重要的意义，"人才之进退，国有常典，官有定司、固非好恶欲伸，唯己所任。"为了选贤任能，国家必须建立常设的选官制和机构，其意在于减少用人的随意性。但是任何一种具体的选官制度都有利有弊，不能把它们的优劣绝对化。

（一）荐举制度的内涵

荐举，在西周时代就有明文规定，"周命六卿举贤能"，要求官吏给朝廷荐举人才。周以后各朝，都实行荐举制度。即便在隋、唐以后科举考试盛行的年代，荐举制度仍作为一种辅助的手段在实行着。曹操在建安十五年（210年）颁布的《求贤令》包含了唯才是举的思想："自古受命及中兴之君，何尝不得贤人君子与之共治天下者乎……唯才是举，吾得而用之。"中国历朝的荐举制度都把德才兼备作为荐举的标准。《明会典·卷之十三访举》中，收录了明太祖朱元璋、明成祖朱棣、明仁宗朱高炽、明宣宗朱瞻基、明英宗朱祁镇、明代宗朱祁钰、明孝宗朱祐樘、明穆宗朱载垕八朝荐举人才的诏令，反复强调要荐举"怀才抱德之士"，足见，在明一代，德才兼备是贤良荐举的标准。

（二）科举制度的内涵

科举，是通过考试来选拔人才的制度，是我国古代封建社会选士与考查官吏的最基本方法。从隋炀帝大业元年（605年），始置进士科，以试策取人，到清光绪三十一年（1905年）废科举兴学堂，科举制在中国历史上整整存在了1300年之久。科举的目的是选拔修齐治平的治术人才，主要定位在选拔国家官员人才上，而且这个"官员"还偏重在"文官"。考试内容主要是属于封建意识形态的儒家文化，儒家思想重人伦、重社会、重现实，轻求知、轻自然、轻天理，儒家哲学是古代政治、社会以及人际交往的哲学基础，一个称职的官员必须对其有所了解，具体通过写作能力、对儒家学说的理解以及时政知识所体现。在整个科举历史中，科举考试内容是这三部分不同形式的组合。科举考试推动了儒学和诗赋在中国古代社会的长足发展。

但是科举并不考查官员应该具备的其他素质和技能，如官员的法律知识及施政能力。然而由于科举的"指挥棒"作用，这些不考查的方面被人们忽视，得不到发展。从隋唐开其端时，科举就已呈现出明显的"偏科"情形，"明经"尤其是"进士科"对士人的吸引，是其他诸科无法望其项背的。随着科举制度在后世的发展和完善，这种"偏科"情形不仅没有缓解，反而越来越严重。这种分科但又偏科的科举取士制度，不仅没有使各种治国之才脱颖而出，反而成为以经义等教条钳制和扼杀人才的桎梏，这可能也是创制者始料未及的。

二、荐举制度在人才选拔中的应用分析

从理论上说，荐举制度是一种合理的官员选拔制度，"选天下之才，任天下之事，以修政而保国宁民"，优秀的公共管理人才通常不是考试所能选拔出来的。荐举制有利于选拔治国保民之才。

（一）荐举是官员法定的职责

在法律上有明文规定，荐举是官员的职责。如依汉律，不履行荐举职责将视其情节承担法律责任，"不察廉"，要承担免职的行政责任；"不举孝"，被视为"不奉诏"，要承担不敬罪的刑事责任。汉以后的历朝律令仿效汉律，将荐贤设定为有关政府官员的一项法定义务。为了实现荐举贤良制度的目的，保证荐举过程及荐举结果符合法律的规定，中国古代法律对荐举规定了严格的监督程序。在长期的荐举实践中，创制了荐举连坐制度。荐举连坐制度就是荐举人对被荐举人的行为承担连带责任的一种制度，被荐举人任官以后不称职或犯罪，举荐人要一同受罚。我国历朝法律都沿袭了荐举连坐制度。《史记·范雎列传》记载："秦法，任人而所任人不善者，各以其罪罪之。"汉代规定荐举得当与否，荐举者和被荐举者都要负连带责任，功罪奖惩相同。《唐律》第92条规定了贡举非其人罪："诸贡举非其人及应贡举而不贡举者，一人徒一年，二人加一等，罪止徒三年。注：非其人，谓德行乖僻，不如举状者。若试不及第，减二等。率五分得三分及第者，不坐。《职制律》（总第92条）之疏云："若德行无闻，妄相推荐或才堪利用，蔽而不举者，一人徒一年，二人加一等，罪止徒三年。"

（二）荐举制度在人才选拔中的实施效果

荐举制在春秋战国及曹操时代，曾经取得了良好效果。尤其是曹操，提出"唯才是举"的选官标准，宣布一个人不管出身如何卑微、品德如何恶劣、曾有过何等的劣迹，只要有治国用兵之术，他都会重用。荐举之所以在乱世执行较好，主要原因是乱世存在有效的危机约束机制（谢宝富，2011）。生死存亡的竞争环境使大家真正"同仇敌忾"，"一损俱损，一荣俱荣"。无论是上司提拔下属，还是下属拥戴上司，都不得不把真才实干放在首位。如若选拔上来的是有本事的坏人，唯才是举的后果不可想象。所以在治平及大体可以苟安的环境中，荐举制度无法得以较好的实行。

（三）荐举制度得以有效实施的前提

荐举制度实行需要具备两个前提：第一，荐举者须是既有识人慧眼又具无私品德的人；第二，选人的标准应尽可能公正、具体、有可操作性。而这两个前提都是很难把握的。

对于第一个前提，荐举者要有识人用人的能力，在实践中，千里马常有，而伯乐不常有。中国古代荐举者都是由高级官员担任，他们所具备的人才测评与选拔能力良莠不齐。更重要的是，荐举者要树立"荐贤为公"观念，这一点无法保障。荐贤为公还是为私，这关系到吏治的清浊和国家的盛衰。宋代司马光讲，举荐人才应当"不置毫发之私于其间"，春秋时期咎犯讲过，荐举时"私怨不入公门"，推重荐贤为公，鄙弃借"内举不避亲"的招牌任用私人以至亲属的行径。而在吏治败坏的年代，太多人打着"内举不避亲，外举不避仇"的旗号，排斥异己，广树党羽，发展私人或朋党比周，把荐举变成了网罗亲信的手段，以致害国祸民。

对于第二个前提，选人的标准应尽可能公正、具体、有可操作性，才能确保选拔的效果。但是"荐举孝廉，无程式可列"。在察举制里，选人的标准是才、德；在九品中正制里，选人的标准为才、德、家世（父祖官宦）。这些标准之中除家世较具体外，才、德都很抽象。没有乱世里的危机约束机制，人的私心及贪欲很快就暴露出来，将荐举制中脆弱的理性及公平掏空。在实行过程中，许多官吏出于私心，利用荐举制度，拉帮结派，培植私人势力，把一些德薄能鲜、缺德少才，甚至劣迹昭著的人举荐上来。就如汉代民谣中所讲"举秀才，不知书；察孝廉，父别居"，这反映了滥举、谬荐的腐败现象。无论是两汉察举制还是魏晋南北朝九品中正制，实行不久都很快出现了极其严重的名不副实。史书有记载"孝廉之举，至于顺帝之世而已极乎陋矣，士之欲致贵显者，知有州郡而不知有朝廷也，知有请托扳附而不知有学术事功也"，士子们为了成为达官显贵，只知道巴结州郡官员，不在乎为国家效力，为了得到荐举者的赏识和推荐，候选者竟相奔走"跑官"，拉关系，乃至以贿赂相要，不在学问上下工夫。九品中正制的结果是，负责选人的中正们（官名，荐举者）并不中正，立场完全站到了世家大族那一边，以至于晋朝出现了"上品无寒士，下品无庶民"。

三、从科举兴废分析考试制度在人才选拔中的应用

1300年间的科举考试制度共历经了六次兴废，统治者在人才选拔过程中不断地在科举制度与荐举制度之间反复实践。科举考试的内容也随着时代的变迁，不断发生着变化。科举考试六次废除缘由的分析，能够反映出科举制度与荐举制度的利弊差异，对我们当代人才选拔工作有很大的借鉴意义。

（一）科举六次兴废缘由

第一次科举被废，发生于宋代，崇宁三年（1104年）诏罢科举。熙宁二年（1059年王安石变法），王安石认为进士科考诗赋文体浮华无用，看不出士子治国济世的真才实学。宋神宗采纳王安石的建议，只保留进士一科，废除诗赋、贴经、墨义等题型，以经义代替诗赋。为了统一评分标准的需要，对文体作了限制，提出了范文样式。王安石对科举考试的改革，使科举和经义之间的关系更加密切。崇宁元年（1102年），尚书右仆射兼门下侍郎蔡京奏请兴学贡士，朝廷随之发布一系列诏令，包括以学校取代科举取士。由于天下已普遍设学并实行三舍升级制度，崇宁三年诏罢科举，士人全部由学校升贡，每岁考试上舍生如礼部试法。次年赐上舍生35人及第，以后又间行科举，与舍选并行。在太学创立"三舍法"，即用学校教育取代科举考试。"三舍法"，是把太学分为外舍、内舍、上舍三等，外舍2000人，内舍300人，上舍100人。官员子弟可以免考试即时入学，而平民子弟需经考试合格入学。"上等以官，中等免礼部试，下等免解"，后来地方官学也推行此法。这一改革措施，事实上将太学变成了科举的一个层次，学校彻底变成了选官制度的一个组成部分。用"三舍法"取士取代科举取士，将选士和取士同归于学校，推进了学校教育和考试。但是由于学校考试后门成风，缺乏科举考试的公正和公平，宋代最终以罢"三舍法"而重行科举取士制度而告终。宣和三年（1121年）恢复科举旧制，但太学仍保留崇宁定制。

第二次科举被废，发生于元代。元世祖攻灭南宋（1279年）起科举被废，至元仁宗皇庆二年（1313年）恢复科举，有35年之久，这是中国科举史上中断时间最长的一次。元朝不重开科取士，灭宋后一度不举办科举。由于特殊的社会历史条件，元代选官倚重蒙古贵族和军功史才，选任用人，主要靠贵族世袭制、军功爵位制和吏进制，吏进制尤为流行。元仁宗皇庆二年："十二月诏行科举定条制，中书省臣奏科举事，世祖、裕宗屡尝命行，武宗寻亦有旨，今不以闻，恐或有沮其事者。夫取士之法，经学实修己治人之道，词赋乃擒章绘句之学，自隋、唐以来，专尚词赋，故士习浮华。臣等所拟将律赋省题、诗、小义皆不用，专立德行明经科，以此取士，庶可得人。帝然之。乃下诏曰……"元朝统治者制定并颁行了科举考试的章程及各项制度，规定儒家经义不但是汉人而且也是蒙古人和色目人科举考试的重要内容。仁宗接受诸大臣以经义取士的建议，将选拔"经明行修之士"作为科举取士的主要任务，设立"德行明经科"，将科举考试内容限定在"四书"、"五经"和程朱集注的范围内，而且将文章的字数限制在300字或500字之内，对明清八股文体有重大的影响。元代统治者采行科举的目的在于：一是为了补充重建统治秩序过程中的人才空缺，消除汉人与蒙古政权的对立；二是元代不行科举，由吏入仕之门大开，吏治腐败严重，科举考试是整顿吏治、选拔治术人才的最好办法。元代是科举制度的转折点，首次实现了以经义为考试内容和形式的转变。在元代不仅明法科被废，而且唐代对应试者试"判"，宋代试之以

"律"的做法也均被取消。蒙元政权不仅终结了明法科等诸科,而且由其开创的以程朱理学为标准的经义取士制度,更加剧了科举考试中的偏科现象。

第三次科举被废,至元元年(1335年)罢科举,于至元六年(1340年)恢复科举。在元惠宗元统年间和至元元年(1335年)前后,在朝廷中展开了是否罢免科举的争议,排汉政策的制定者丞相伯颜擅权,执意废科举,在至元元年十一月罢科举。五年之后,又于至元六年恢复科举。

第四次科举被废,元代进行的最后一次科举考试是在元顺帝至正二十六年(1366年)。两年以后,元朝灭亡。随着1368年元朝的灭亡,科举废除。洪武三年(1370年)五月,明朝实行科举制度。朱元璋下诏实行科举制度,特别强调科举在取士任官中的重要性,将科举定为选拔官吏人才的唯一途径。

第五次科举被废,洪武六年(1373年)明朝废除科举实行荐举,废除科举10年之后的洪武十五年(1382年)复行科举。科举连取三年之后,朱元璋发现"所取多后生少年,能以所学措诸,行事者寡"。于是决定再行荐举制。荐举制延续10年之久,由于没有衡量人才的客观标准,在以前历朝出现过的任人唯亲、假公济私、名实不符等弊端日益显现并严重起来,朱元璋通过实践,比较科举与荐举的优劣,最后于洪武十五年复行科举,科举最终取代荐举成为明代的取士制度。明代科举取士的正式确立经历了"荐举"→"科举"→"荐举"→"科举"反复的实践过程。科举考试在明代达到鼎盛,走向高度定性化和程式化,科目有文科、宗科和武科,但文科(进士)独重,"非科举毋得与官"。到明中叶后,"非进士不入翰林,非翰林不入内阁,南、北礼部尚书、侍郎及吏部右侍郎,非翰林不任。而庶吉士始进之时,已群目为储相。通计明一代的宰辅一百七十余人,由翰林出身者占十九。盖科举视前代为盛,翰林之盛则前代所绝无也。"(张廷玉,清)。在科举考试内容和文体上定性化和程式化。"科目者,沿唐、宋之旧,而稍变其试之法,专取四子书及《易》、《书》、《诗》、《春秋》、《礼记》五经命题试士。盖太祖与刘基所定。其文略仿宋经义,然代古人语气为之,体用排偶,谓之八股,通谓之制义。"(王团,2007)

第六次科举被废,清代光绪三十一年(1905年)八月四日朝廷发布上谕废除科举。至此,在中国历史上绵延了1300年的科举制度正式终结。清末由于科举的向心力太大,阻碍了新式学堂的兴办。在内忧外患的时代背景中,在西学东渐和外来势力强力介入的情况下,科举制的废止是清末时代背景下的必然结果。

(二)科举考试内容变迁

在科举制度由始至终的1300年间,科举考试的内容不断发生着变化。除去改朝换代及党派斗争等原因外,科举考试的兴废主要还是取决于统治阶级对科举考试是否能有效选拔其所需人才的判定上。总体看,科举考试的选拔过程越来越程序化,考试成绩信度越来越高,公平程度也越来越高。但考试结果与选拔贤能的初衷渐行渐远,效度越来越低(孙开键和吴琼,2006)。科举被废,主要不是因为其制度太坏,而是因为后来科举考试内容不适应时代的需要,特别是八股文拖累了整个科举制度。

科举制度六次兴废,源于考试内容效度差。从隋唐至晚清,科举考试的内容的偏离过程大致主要经历了八个阶段:

第一阶段,统治阶级的初衷,通过科举考试"选拔贤能之士"。

第二阶段,科举考试的操作阶段,通过考试选拔人才,其实质就是考查并选拔了解贤能道理的人,即"选拔了解贤能道理之士"。

第三阶段,"选拔能用诗赋表达对贤能道理了解之士"。

第四阶段,"选拔能用文采高妙的诗赋表达事物之士"。

第五阶段,"选拔诗赋文采高妙之士";唐高宗永隆元年起,决定考进士科时,除试策文章之外，外加考杂文，杂文中的诗赋权重很大。此后，诗赋渐渐变成唐代科举进士科最主要的考查内容。唐朝几百年的诗赋取士，提高了诗赋的文艺水准，从"了解贤能道理之士"渐渐变成了"能用诗赋表达对贤能道理了解之士"。随着诗人的社会地位不断提高，诗赋的艺术价值同样得以提升，赋取士的最终目标也渐渐地演变了，再不是"能用诗赋表达对贤能道理了解之士"，而成为"能用文采高妙的诗赋表达事物之士"。这和选拔"贤能之士"的初衷更远了，选贤拔能的效度进一步降低。因此才会出现科举考试的第一次废除。希望能返回多元的、观察评判的选才制度，重新加强选拔贤能的有效性。

第六阶段，"选拔对儒家七经中贤能道理了解之士"；为重新把考试目标放在"对贤能道理了解之士"，宋代王安石变法中对科举进行变革，包括用经义文来替代贴经和墨义，以考查考生对儒家经典内容的心得了解。经义文是考士子"对儒家七经道理了解"的程度。元末重开科举，但为避免只是选拔"诗赋文采高妙之士"，淘汰了诗赋考试。元代是科举制度的转折点，首次实现了以经义为考试内容和形式的转变。

第七阶段，"选拔能用八股文体表达对四书五经中道理了解之士"；明代几百年也继续不考诗赋。与文章（经义文）相比，诗赋比较容易增加信度。科举考试的改革者们通过将经义文标准化来提高其信度，即将经义文中的理论逻辑秩序进行标准化，创造了包含破题、承题、起讲、入手、起股、中股、后股、束股的逻辑行文步骤，形成基本的八股形格。

第八阶段，"选拔八股文制义高妙之士"。清科目取士，承明制用八股文。清朝颁布了《钦定四书文》、《御纂四经》、《钦定三礼》等作为八股文写作的规范，并规定："首场制艺以《钦定四书文》为准，其轻僻怪诞之文不得录取。""经文以遵奉《御纂四经》、《钦定三礼》，及用传注为合旨，其有用私心自用，与泥俗下讲章，一无案承者不录。"每场答卷的字数也有严格限制。考试的主要内容和步骤都发生了变化，考官从四书五经中选择某一段或某一句，考生按照八股逻辑的形格，再加上和骈文体相似的对偶、平仄、音韵、字义等规范，写一篇一定字数范围内的文章，这就成为明清六七百年中，百千万考生不断追求完美的八股文了。因为种种规限，八股文考试的信度和公平性也达到很高的水准了。但是选拔的目标又一度变成"能用八股文体表达对四书五经中道理了解之士"。"八股文"在形式上僵化死板，在内容上只许为圣贤立言，没有给考生自由发挥的空间，它要求考生死读书、死背书，造成了不少死读书的书呆子。作为明清两代考试的唯一文体，历经800余年的兴衰，与科举考试一同寿终正寝。

科举考试内容历代虽有微调，但其考试核心不变，那就是始终以儒家"四书五经"为中心，儒家经学一直是科举考试的主要内容之一，并最终演变为唯一的内容。而且由于考试的高风险性，考生想出各种捷径获得成功，应试书籍及行为都非常流行。如很多考生将大部分时间花在背诵范文、韵律以及其他一些浅显的诗赋和八股文的写作技能上。最终的"选拔制义"与作为初衷的"选拔贤能"，可以说已经毫无关系了。

综上所述，考试的内容和形式对科举考试的发展产生了实质性的影响，并促成了其灭亡。科举成为历史前进的障碍是明末清初以后的事情，其原因主要是考试内容的陈腐及考试形式的僵化，而不在考试制度本身。无论以经义、诗赋或是策论取士，突出强调某一方面，都有失偏颇。诗赋、经义、策论均各有其自身的文学、教育、政治和文化价值，只有根据人才选拔的目标，综合地运用，使其作为进士科考试的必要内容和方法，统一作为取士的主要标准，才能显示其客观性和确保科举考试的全面性（刘海峰，2009）。

四、荐举制度与考试制度比较对当代人才选拔工作的启示

(一) 从人才测评和选拔的信度角度看，考试制度远远优于荐举制度

尤其是国家选拔官吏，即对当代的公务员选拔而言，考试制度的公平性、一致性要优于荐举制度。选人的标准应尽可能公正、具体、有可操作性，才能确保选拔的效果。但是"荐举孝廉；无程式可列"，而科举考试制度，"设科以取士，则必授之以式矣。文者，言治而要之事，言道而要之理，即下至骄偶声韵之文，亦必裁之以章程，可式者也。行而务为之成法，则孝何据以为孝之程，廉何据以为廉之则邪？不问其心，而但求之外，非枭獍皆可云孝，非盗贼皆可云廉，不可式者也。"(王夫之，清) 科举考试制度能够以规范的形式来考查候选人。在荐举制度实行过程中，由于选拔标准"才"和"德"都很抽象，许多官吏出于私心，利用荐举制度，拉帮结派，培植私人势力，把一些德薄能鲜、缺德少才，甚至劣迹昭著的人举荐上来。而科举考试标准比较具体，尽管有时候选拔上来些"书呆子"，但是毕竟是通晓经义之人，有一定的学识。差别只是这些能力是否与未来所做的工作相关。

(二) 比较荐举与科举在人才选拔中的效度

荐举制度在特别时期如危机管理时期，乱世情况下，曾经效度较好，如曹操的"唯才是举"的选官标准，曾经一度有效。但是在和平年代，效度较差。这是由于荐举制度的效度维持需要一定的客观条件作为保障。而此种客观条件很难具备，与人的天性存在矛盾。科举考试选拔的方法、过程、结果越来越可靠，越来越准确，越来越公平，可是选拔出来的文官也越来越与贤能脱节。如何确定人才测评与选拔的考试内容和形式，这对人才测评工作者来说，时至今日，仍然是个需要与时俱进、不断提高的课题。

(三) 荐举制度和科举制度实行不力的危害程度不同

考试制度实行不力的危害只是在小范围内存在，荐举制度一旦实行不力就会滋生腐败与派系，对人心、风俗、政理都有严重损害。历代学者已有论述。荐举制度的实行，即便有连坐制度，但是比起人们的私心和私欲来，约束总是不够。"伪行之以害人心、坏风俗、伤政理者，倍于伪饰之文支离浮曼，而害止于言也。"(王夫之，清) 荐举制度会引起伪劣的行为，伪劣的行为会损害人们的心理和思想、破坏风俗习惯甚至伤害到为政之理，这远远比科举考试出错带来的伤害要大得多。虽然，在科举制下，"而犹有依附权门、失身匪类、堕其名节者"，但是比起荐举制来"请托扳附"、"贿赂攀援"之事自然要少一些。因为科举制减少了朝廷取士的中间环节。

总的来说，从中国历朝历代在荐举制度与科举制度之间的反复实践，以及科举制度的六次兴废看，政府进行官员选拔，考试制度优于荐举制度。科举考试制度能够冲破出身、地位、名望等束缚，不拘一格选拔和任用人才，有公正、平等、理性、竞争、选优等特点和精神，可以防止在选官过程中的随意、偏颇等弊端。尽管考试制度在实行过程中也有利有弊，但是考试制度比荐举制度在人才选拔上信度和效度更好，实行不力的危害也较小，只是需要人才选拔工作者不断改进和完善考试的形式和内容，让考试选拔的效度更高。

〔参考文献〕

[1] (后晋) 刘昫，等.旧唐书 (卷119).北京：中华书局，1975.
[2] (清) 张廷玉，等.明史 (卷70).北京：中华书局，1974.

[3] （晋）陈寿. 三国志·魏书（卷1）. 北京：中华书局，1959.
[4] （清）王夫之. 读通鉴论（卷23）. 北京：中华书局，1975.
[5] （清）张之洞. 张文襄公奏稿（卷32）.
[6] 刘海峰. "科举"含义与科举制的起始年份. 厦门大学学报，2008（5）.
[7] 刘海峰. 科举停废与文明冲突. 厦门大学学报，2006（4）.
[8] 刘海峰. 科举文学与"科举学". 武汉大学学报，2009（3）.
[9] 刘海峰. 科举制与儒学的传承繁衍. 中国地质大学学报，2009（1）.
[10] 刘海峰. "科举学"的世纪回顾. 厦门大学学报，1999（3）.
[11] 马建红. 科举偏科及其对古代司法影响研究. 西北农林科技大学学报，2009（1）.
[12] 孙开键，吴琼. 科举考试的信度及效度. 中国考试，2006（12）.
[13] 王团. 明代科举考试策试题型分析及对当前学校考试评价改革的启示. 牡丹江教育学院学报，2007（4）.
[14] 薛瑞泽. 试论隋代科举考试. 运城学院学报，2006（2）.
[15] 杨静. 科举考试兴亡研究. 山东大学硕士论文，2008.
[16] 杨李娜. 科举学：一门探讨考试发展规律的专学. 现代大学教育，2002（3）.
[17] 张希清. 科举制度的定义与起源申论. 河南大学学报，2007（9）.

Comparative Research on the System of Recommendation and Imperial Examination in Ancient Chinese Civil Service Selection
——Based on Abolishing Examination

Cui Jiaying[1]   Che Hongsheng[2]

(1. College of Business Administration, Capital University of Economics and Business, Beijing 100070;
2. School of Psychology, Beijing Normal University, Beijing 100875)

Abstract: This paper is a comparative research on the System of Recommendation and Imperial Examination in Ancient Chinese Civil Service Selection. The system of ancient Chinese civil service selection mainly includes the system of "Recommendation" and "Imperial Examination" which are very different from each other. The former, Recommendation is a selection system which officials are recommended by highest managers or high officers and it focuses on inspection. The later, Imperial Examination is a selection system through examination. These two selection systems are interdisciplinary. From SUI to the end of QING dynasty, Imperial Examinations have experienced six times abolishment. Governors repeatedly practiced on choosing Recommendation or Imperial Examination. This paper compares differences between these two section systems and tries to find reasons of abolishing Imperial Examination.

Key Words: Recommendation; Imperial Examination; Abolishing Imperial Examination

【管理思想与组织文化】

比较管理视角下的中国文化复杂性与管理路径

——基于势科学与信息人理论的分析

李德昌

(西安交通大学能源与动力工程学院、实证社会科学研究所，西安 710049)

[摘 要] 管理的本质是应对不确定性，不确定性的本质是系统要素之间的差别与联系营造的强大信息量或信息势而构造的管理实践的复杂性。从比较管理的视角看，基于中国文化的管理复杂性主要来自两个方面：其一，忠孝导致的线性相关；其二，嫉妒产生的非线性纠缠。在势科学与信息人理论的基础上，通过线性变换的置换对称与非线性变换的局域对称，营造强大的管理信息量与管理信息势，是应对中国文化的复杂性、实现中国管理的有效路径。

[关键词] 比较管理；势科学；文化复杂性；中国管理；势增原理

一、信息与复杂及不确定性

管理的本质是应对管理过程的不确定性，不确定性的本质是管理主体具有的管理信息量或管理信息势小于管理环境或管理实践具有的信息量或信息势。西方管理理论不能解决中国管理问题的根源，在于中国情景中关系纠缠的管理环境复杂性所包含的信息量大大超过了西方线性独立性文化中管理环境所具有的信息量。换句话说，西方管理实践具有的复杂性，中国管理实践中都有，而中国管理实践具有的某些复杂性，西方管理实践中没有；而西方管理理论恰恰是在西方管理实践的基础上总结归纳得到的，因而西方管理理论本身包含的信息量就小于中国管理实践所具有的信息量，所以也就无法应对中国管理实践的不确定性。解决中国管理的根本问题，是在揭示中国文化包含的复杂性基础上生产更大的管理信息量、营造更大的管理信息势。

按照信息论的计算，信息表达为负熵，负熵意味着熵减即意味着有序。不容置疑，有序是数学乃至科学研究的本质，但什么是有序，无论是科学还是数学都没有确切的定义。要想给一个具有广泛普适性的概念下定义，必须在本体论层次寻找决定该概念的要素，进而根据概念的内涵界定要素的作用机制。考察"有序"概念的本质，有序决定于两个要素：其一是差别，没有差别就谈不上有序；其二是联系，没有联系就不存在有序。"差别"和"联系"任一为零，有序即为零，所以，对于信息即有序而言，差别和联系在结构层次上的作用机制就只能是差别×联系。因为只有

[基金项目] 教育部规划基金项目（批准号：09XJA630002）；陕西省软科学研究计划项目（批准号：2008KR22）。
[作者简介] 李德昌，男，西安交通大学实证社会科学研究所副研究员、能源与动力工程学院副教授，研究方向：势科学理论基础上的管理学、社会学和教育学研究。

"×"的作用机制才能表达任一要素为零,有序即信息为零的逻辑内涵。所以,信息即负熵、即有序、即差别×联系＝差别÷距离,可见,有序即梯度、斜率、即导数、即势。"势"概念揭示了信息概念的本质,信息量与信息势是等价的。系统中元素差别越大联系越紧,系统信息量越大,信息势越强。而且信息概念的这种逻辑本质,使得信息与导数统一起来,从而揭示了管理过程本质上具有的导数逻辑——管理学研究的这种发现,无疑在实证科学的逻辑层面上进一步证明了恩格斯的伟大预见"微积分的发现是人类精神上的最高胜利",以人为本的中国管理实践的精神文明也只有沿着导数的逻辑——势的逻辑——信息的逻辑才能有效的建构起来。

由于许多描述性的信息概念定义,给信息的意义理解带来了误导,使人们平时有关信息的理解甚至完全与信息的真正意义背道而驰,从而将没有信息量的噪声和废话当成信息。如某些哲学家将信息定义为"什么什么的显示","什么什么的反映",这种脱离本体论而在唯象学层次上对于信息概念的描述,使得废话和噪声都成了信息。如有人说,这本书或这个演讲非常好,信息量很大,所以记不住。而实际上,为什么记不住,正说明这本书或这个演讲对于受众来说可能根本就没有信息,因为真正有信息量的视听对象是不用笔记就能记下的,而且某视听对象传递的信息量(以视听题材包含的绝对信息量为基础的与受众有关的相对信息量)越大,就越容易记忆,如百年不遇的事传递的信息量最大,所以实际上是用不着记就可以记住的。再如一个小孩在完全无意识记忆而只追求情节遭遇的情境下一晚上看完《水浒传》,过几个月问他《水浒传》写的什么,他都可能给您说个八九不离十。因为《水浒传》中个性化人物差别巨大,又凝聚在梁山上紧密地联系起来——产生了极大的绝对信息量,而《水浒传》中的故事又与百姓的日常生活差别巨大、同时联系最紧——营造了极大的相对信息量,所以,几乎每一个读者都有同样的感受——不用记就可以记下。实际上,在我们的学习中,真正能够获得信息量而对成长具有确定性意义的学习,总是在情感的推动下将差别巨大的内容紧密联系起来,不用记就可以记下的内容,而那些需要死记硬背的学习,都是在意义上没有信息量的学习,往往只对考试有用,对成长无效,最后都还给了老师,从而实际上成为无效的不确定性的学习。

系统复杂的本质正是由于系统中元素之间的"差别"和"联系"的相互作用和耦合产生了巨大的信息量、营造了强大的信息势,从而不断衍生出"相变"和"分岔"的不确定性而展现出复杂。"复"指重复、反复、嵌套式自相似、规律性—联系性,"杂"指多样、杂乱、差别、不同—差异性,所以系统越复杂,系统要素差别越大联系越紧,系统信息量越大势越大。因而,应对管理实践复杂性导致的不确定性的根本战略就是通过抽象达到"简单",挖掘差别很大的要素之间的内在联系营造管理信息强势。实际上,以往各个领域,科学家解决复杂问题的办法就是通过抽象来实现的,抽象程度越高,能将越多的问题和事物在本质上联系起来,获得的信息量就越大、营造的信息势就越强。当理论营造的信息势超过面对的复杂问题所具有的信息势的时候,复杂问题就迎刃而解。

势科学管理理论对于中国管理实践的有效性本质,在于势的概念是在中国文化及管理实践中总结归纳得到的,同时,势概念的科学定义概括了信息功能的本质,揭示了"信息"真正的管理学意义。势的运行机制又概括了管理复杂性增长的内在逻辑——差别促进联系、联系扩大差别,由此差别越来越大,联系越来越紧,系统的信息量越来越大,管理的复杂性不断增长,就需要更大的管理信息势才能应对管理实践的不确定性。因而,"势"就成为中国情景下管理的核心概念。无论是几千年前老子总结的中国管理经典"道生之、德蓄之、物形之、势成之",还是中国现代企业家们总结的"小成事、中成市、大成势",都是始终围绕着"势"的意义而展开。老子不但用前述"12字"概括了管理的真谛,而且给出了营造管理强势的基本原则,即"天得一以清;地得一以宁;神得一以灵;谷得一以盈;万物得一以生;侯王得一以天下正"。"得一"就是得到统一,就是要在"差别"巨大的对象中找到内在的统一、同一,就是要把不同的对象事物用同一个道理紧密的"联系"起来，用统一的规律支配世界万物，或者用统一的思想把世界万物统率起来。有了这样的势，天就清朗，地就宁静，神就灵验，山谷就充盈（穷人就富有），万物就生长，侯王就得天下。而企业家所说的"小成事"，即就事论事；"中成市"，即将事联系起来，更进一步将市场信息联系起来；"大成势"，即将人联系起来，更进一步是将心联系起来，就成了大势，就没有办不到的事！

"势成之"的本质意义在于"势"包含的信息动力学机制可以应对复杂系统的"不确定性"，从而有效地推动人才成长、组织创新与社会发展。

二、信息势是信息人社会管理应对复杂的根本战略

由于不确定性是复杂系统的普遍属性，因而，有关势的理论是一个研究现代社会复杂性系统的有效理论，是一个可以将社会各领域的复杂问题转换为统一的信息问题，进而赋予一定的物理直观和几何直观意义，最终归结在一定程度上可以整体直觉的问题，从而使社会科学的研究在基于研究信息相互作用的基础上逐步走向逻辑化科学化的理论，是一个通过高度抽象达到简单、从而可以直接与经验和实践相联系而具有可操作性的科学理论。

按照势科学与信息人社会理论，高度抽象的信息除了各种科学理论，"钱"是一种重要的抽象信息。所以，有钱的人应对复杂的战略就是用钱（货币数字信息，俗语也讲"有钱有势"），钱由于高度的抽象而简单——钱是世界万物价值抽象的符号，因而简单的人人都能理解钱的功能和威力。所以，钱越多，能将差别越大的人及各种要素联系起来营造强势。当钱的数量积累营造的信息势超过面前复杂问题的信息势（由于各种信息具有内在统一性，所以复杂系统包含的信息总是可以折算为货币信息）的时候，复杂问题就迎刃而解，一定意义上相当于"用钱买断了复杂"（俗语称其为"用钱来摆平"）。有权的人应对复杂的战略就是用权（权是信息的占有量，权力越大，汇报的人越多），"权"的本质是通过意识层面上的抽象内化为人们心底需要服从的力量，因而简单的人人能理解权的"暴力本质"。所以，权力越大，就能将差别越大的人及各种要素联系起来营造强势，当权力大到营造的信息势超过面前复杂问题的信息势的时候，复杂问题就迎刃而解。有知识的人应对复杂问题的战略就是用知识，因为知识是抽象的，知识越多就能将复杂系统中越多的、差别越大的问题联系起来营造信息强势，当由知识营造的信息势超过面对的复杂问题的信息势时，复杂问题就迎刃而解。没钱、没权、没知识，但有情感——拥有众多的朋友及社会资源的人，应对复杂的战略就是通过日常积累的情感信息势调动社会资源，因为人多势众，复杂问题也就迎刃而解。没钱、没权、没知识，也没正当的朋友，但身强力壮的人、占有暴力资源的人（如黑社会势力），应对复杂的战略可能就是暴力。人们只相信信息是应对复杂的根本战略，几乎从来没有想过用暴力应对复杂，然而暴力却恰恰是应对复杂的最有效战略，归根溯源在于暴力可以产生最大的信息量，营造最大的信息势。因为信息的定义是要素之间的差别×联系，而对人生来说，最重要又差别最大的两个要素是"生"与"死"，但生与死在日常中是联系不起来的，没有人吃饱饭无所事事光想着死，但一遇到暴力，生与死顿时联系起来——面对暴力，没有人考虑要钱还是要权，首先考虑的是"要命"。

当个体或组织信息量缺失而无法营造"实势"来应对复杂时，往往无可奈何的营造一种"虚势"，即虚幻的信息势来应对复杂。如没钱、没权、没朋友，也无法使用暴力而娇柔无力的弱女子，应对复杂的战略可能采取戏剧性的行动："怀孕"，甚至"迷幻药"、"大麻"、"海洛因"也常常成为无能为力的人们用于解决复杂问题的方法，因为这些行动同样具有哪怕是虚幻式的抽象整合问题营造虚幻信息势的功能。

应用各种势（包括虚幻的信息势）来应对不确定性的这种人类行动的内在机制，未来学家托

夫勒在不经意中从生活的实践层面给出了许多例证："一般知识分子不仅在观念上寻求单纯性的解答，甚至在行动上也采取单纯性的方式。这些彷徨而焦虑的学生一方面承受父母的压力，另一方面又得忍受过时的教育系统，他们'被迫'去决定自己的事业、自身的价值及值得一试的生活方式。在这些压力之下，他们便狂野地寻求一种方法，以使他们的存在'单纯化'。他们乞灵于迷幻药、大麻、海洛因，并干尽种种违法的勾当，因为这些行为至少可以暂时'统一'自己的悲哀。他们把许多无从解决的困扰'精缩'成一个'大'问题，而将他们的'存在状态'强烈地'单纯化'（虽然也只是暂时性的而已）"。其中，托夫勒所说的"统一"、"精缩"以及"强烈地单纯化"，都是一种至少可以达到"暂时性"抽象（实际上是一种虚幻中的抽象）而将纷乱无序的生活现实整合起来营造虚幻信息势的途径。这里托夫勒特别强调了"虽然也只是暂时性的而已"，说明这样营造的虚幻的信息势是不能根本上解决问题的。用传统文化中带有贬义的成语来说，可能有点类似"虚张声势"甚至"掩耳盗铃"、"自欺欺人"的意味。因而托夫勒指出："对于日益纷乱的压力不能应对的妙龄女孩，她们或许会采取超级单纯化的另一种戏剧性行动：怀孕。如同沉迷于麻醉药剂，怀孕或许会令她日后的生活变得复杂，然而却能使她目前面对的其他问题都显得不再重要。""再者，暴力也是从复杂的选择以及普遍的过度刺激之中所选择的一种'单纯'方法。""然而，信息科学家立刻将会为我们指出，拒绝、专业化、复古以及超级单纯化，都是对抗过度负荷的最好方法。"可见，托夫勒似乎已经预见到了今天应对管理复杂性的两大基本学派：其一，就是专业派即数理派；其二，就是以新儒家为代表的复古派。遗憾的是，两大基本学派都不能解决中国管理实践的问题。其根本原因可能像托夫勒比喻的一样，为了使他们的存在单纯化，采取的"一种戏剧性"的行动，类似于少女"怀孕"、吸食"大麻"、"海洛因"等自欺欺人的行为。使我们感到惊奇的是，托夫勒通过对生活的仔细观察，凭借其高度的直觉能力，已经基本上阐述了"抽象"、"信息"、"简单"、"暴力"这些看起来毫不相干的概念之间的内在联系。

实际上，应用简单来应对复杂并没有错，但遗憾的是暂时性的"单纯化"方法显然不是理性使然，而是非理性的无奈的时代表现。说它是一种"时代表现"，是因为在社会复杂性构建的强大信息势推动下，社会的急速发展使不善于进行高度逻辑抽象的人们来不及应对而导致了非理性。也就是托夫勒所说的"精神分裂者在标准速率下易犯的错误形态，是正常人在快速率下就会犯下的错误"。

"复杂性"按照《第五项修炼》作者彼得·圣吉的研究，可分为"细节性复杂"与"动态性复杂"。对于细节性复杂，人们常常采用"潜意识"的感性把握——潜势信息把握，对于动态性复杂则需要理性的逻辑抽象——显势信息应对。对于潜势信息与显势信息的综合研究构成势科学管理理论的核心。而科学以及管理的发展过程，就是一个不断营造显势信息以及不断将潜势信息转化为显势信息的过程。而显势信息与潜势信息的对称性则产生更大的信息量、营造更强的信息势。

"势成之"的古训对当今信息人复杂社会现实的重要意义，华中科技大学公共管理学院陈海春从他对管理本质的个人感悟中给出了一个可供理解的案例：一个能成功的人就是既"有用"又"可爱"的人。他在中央教育台《东方名家》中演讲其"人脉管理"理论时详细阐述了该观点。而从逻辑的科学本质上来抽象陈海春的观点，则他所说的"有用"和"可爱"的人，其实就是一个具有"势"的人，因为"有用"的基础是差别，一个人必须和别人不一样（当然是更好）才能对别人有用，"可爱"的基础是联系，你与他人联系得越紧，他人就越感到你可爱。所以，有用×可爱＝差别×联系＝势，而且，有用和可爱必须兼而得之，一个为零，势就为零。你"再有用"，但不讨人喜欢，就无法将人们联系在你周围，就无法作用于别人，因而也就没有势。因而，陈海春所说的一个成功的人就是既有用又可爱的人，就是一个有"势"的人，势越大成功的可能性就越大。所以老子所说的"势成之"是一个高度抽象的、具有逻辑内涵的普遍规律，适合任何时代的任何人及任何组织。

从理性信息人生存依赖的基本信息势（不考虑时间和空间二维综合信息势）看，六维理性信息人假设中，三维可测度的显势"货币、权力、知识"表达着人们之间的差别和个人的有用程度——货币的多少、权力的大小、知识的高低（学历的高低），明显地区分着社会信息空间中不同信息位上的信息人及其有用程度，三维不可测度的潜势"情感、艺术、虚拟抽象"则维系着信息人之间的内在联系——情感的联系作用不容置疑，艺术审美及和谐相处的能力显然是促进联系引人可爱的重要因素，而虚拟抽象甚至幽默风趣更可以使毫不相干的人产生好感而联系起来。由此可见，三维显势扮演着"差别"，三维潜势充当着"联系"，而显势×潜势＝差别×联系＝更高层次上的复合信息势。所以，六维理性信息人假设及其势科学理论，从深层次上揭示了陈海春所说的"有用"和"可爱"的逻辑本质，从而为人们实现"既有用、又可爱"提供了可操作的逻辑途径。

三、势增原理——对称性生产最大的信息量营造最大的信息势

势科学理论的核心是"对称性原理"，即势增原理：差别促进联系，联系扩大差别，由此达到差别最大联系最紧，既相反相成又对称。有关对称性概念及其原理的重要性，在自然科学中已经被广泛地证实：大多数物理学诺贝尔奖是研究对称性（包括不对称性）得到的，经济学家研究"信息的对称与不对称"也得到诺贝尔奖，生物学研究中得到的诺贝尔奖是研究DNA螺旋结构的生物学家和物理学家，而DNA螺旋结构中则包含了众多的不同层次上的对称性。就一般人们可以直接观察的宏观世界而言，自然界呈现的各种对称性，构筑了一个和谐而五彩缤纷的绚丽世界。但对称性是怎样来的，物理学家告诉我们"对称性支配相互作用"，为什么对称性支配相互作用，目前的物理学还不能给予解答，因为，粒子物理中的运动太快了，每秒钟30万公里的速度使人们来不及观测就已经对称了。但在社会信息作用的实际可观测过程中，我们可以详细地研究对称性是如何发生的。

在最初的自然经济主导的原始文明社会，人口极其稀少，在主要以打猎为生的民族中，没有猎手与弓匠之分，所有的猎手都是弓箭制作者，所有的弓箭制作者也都是猎手，统称为猎人。这是由于他们之间社会来往很少，社会联系松弛，社会关系淡漠，自给自足，从而保持着整体对称，构成一种置换群的社会和谐，就像全同离子，当然每个人还是具有不同的个性状态，就像全同离子的每一个都有一个自己的态（自旋）一样。

随着人口密度的增加，猎人们之间的来往增多，联系加强，在比较中显示出差别，猎人的整体对称破缺，有的猎人射箭的水平显得高一些，有的猎人弓箭做得稍微好一些。射箭水平高的猎人射猎的效率高，猎物就会有剩余，弓箭做得好的猎人做弓箭的效率高，弓箭就有剩余，这种"联系中的差别"形成了交换关系中的势动力，产生了交换的欲望，好的弓箭与剩余的猎物的交换使人们联系得更加紧密，产生了相互依赖。在交换的相互依赖中，随着交换程度的增加，差别又不断扩大——射猎水平高的猎人越来越多地从事射猎，从而促进射猎水平不断提高，以致最后成了纯粹的"猎手"；弓箭做得好的猎人越来越多地做弓箭，从而促进弓箭的制作水平不断提高，以致最后成了纯粹的"弓匠"。就这样在天长日久的"联系扩大差别、差别促进联系"的势的运行机制中，自然经济社会中猎人的置换对称破缺，同时产生了新的对称，即猎手与弓匠的变换对称：将猎手与弓匠位置变换（使猎手成为弓匠、弓匠成为猎手），而猎物与弓箭的交换关系不变（变换以后的不变性叫做对称）。由此，原来所有猎人的置换对称组成的置换和谐群，由于猎人之间交往信息的相互作用而发生猎人之间置换对称的破缺，置换和谐群解体，同时又在作用信息量不断增加、信息势不断增大、信息作用不断强化的过程中产生新的对称——变换对称，从而形成新的变换和谐群。

实际上，人类社会分工的每一次进步，都是一次信息相互作用的旧的对称的破缺和新的对称

的建立。更加确切地说，在人类的社会关系中，每一次普通商品的交换都是一次"强关系作用"的具体实现，都是一次"差别最大、联系最紧"的具体的对称——变换以后的不变性——将交换商品的双方主体位置变换，交换关系不变（交换价格不变），完全符合对称的逻辑定义。就像左右对称，将左右反射变换，身体没变，即对称。所以，只要人们在生活和交换，对称就是常态。文明发展的趋势，就是交换更加频繁的趋势，因而就是对称化更加显著的趋势。

在农业经济萌芽的初始，人口数量少而居住又极其分散的情况下，粮食自给自足是生产的基本特征，所有劳作者的生存状况基本一致，既是生产工具的制作者又是使用者和种植作业者。因而处于一种置换对称组成的置换和谐群中。随着人口的增加和居住的集中，人们之间的联系加强，在共同的工具制作和种植作业中，显示出了差别，有的工具做得更好更快、工具有了剩余而且更喜欢做工具，有的耕作更有技巧、粮食产量更高，粮食有了剩余而且更喜欢耕作，各自的剩余和爱好推动了农业社会的分工和产品交换，工具与粮食的交换进一步促进了工具制作者技术的提高和专业化，使其成为专门的"工匠"，即真正的手工业者；同时，耕作者的种植技术也进一步成熟，成为纯粹的农民。就这样在交换的信息作用中，原来的置换对称破缺，并且在交换信息量越来越大、信息势不断增加的过程中，使手工业者与农民的差别最大而联系又最紧，产生了新的变换对称，既讨价还价互相竞争又相互依赖而共同发展，从而由变换对称组成了农业社会的变换和谐群景象。

在工业社会初期，生产既需要高的技术提高质量，又需要共同合作提高效率。这时有的人"会做"而做得好一些，有的人"会说"而说得好一些。"会做"的技术不断进步，提高了产品质量，"会说"的则担当起"沟通"，使大家更加协调而提高了生产效率。由此"会做"的更加致力于"做"，而且喜欢"做"，技术不断提高，成为真正的技术工人，"会说"的更加致力于"沟通"，而且喜欢沟通，沟通的技巧不断提高，成了纯粹的管理者。由此形成了"生产者"与"管理者"的变换对称，差别最大而又联系最紧，既有利益的互相竞争，又有生存的互相依赖而共同发展，形成了工业社会的变换群和谐景象。

随着生产的发展和生活的提高，人们的需求增加、分工细化，产生了各种层次上分工和职业的对称，营造着不同层次上的信息量和信息势，应对着不同层次上生活与生产的不确定性。如食物生产者与服饰生产者的对称化发展解决了人们"吃"和"穿"的不确定性；建筑业与交通业的对称化发展解决了人们"住"和"行"的不确定性；制造业与服务业的对称化发展使人们的生活质量更好，解决了物质需求与精神需求的不确定性；实体经济（生产）与虚拟经济（金融）的对称化发展产生着极大的信息量、营造着强大的信息势，使社会的生产效率更高发展更快……形成了一派多维对称应对需求不确定性的景象。

四、中国管理实践的复杂性与管理学研究的有效路径

中国管理科学研究与中国管理实践脱节的一个重要方面，是目前所谓的规范化研究基本上是由西方管理学者基于西方环境的管理实践建立的理论范式。而西方管理环境的复杂性往往低于中国管理环境，因而流行的西方管理学研究范式无法适应中国管理实践的复杂环境。就作为管理核心要素的人的特征而言，西方人被中国老百姓称为"一根筋"，形象地阐述了西方人线性独立的行为模式和人格禀赋。而中国文化的"纠结"则恰恰说明了中国人非线性的行为模式和人格特征及中国管理环境的复杂性本质。应对这种基于人格复杂性的管理环境，必须在信息人假设基础上揭示人的多维对称性本质，即在势科学与理性信息人假设基础上研究四维信息显势与四维信息潜势的正对称——货币信息与情感信息的对称性、权力信息与艺术信息的对称性、知识信息与抽象信息的对称性和空间信息与时间信息的对称性，以及四维信息显势与四维信息潜势的交叉斜对称，

进而将张量和群论引进管理学的理论研究中，才能有效地刻画中国的管理实践。这些在文献《管理学基础研究的理性信息人假设与势科学理论》及《势科学管理理论对于中国管理的实践价值》中给出了较为详细的分析。这里我们将在剖析中国管理实践纠结的数学逻辑和复杂性本质的基础上，进一步在纠结变换（一种特殊的对称算子——纠结算子）的更深层次上阐述应对复杂管理实践的有效管理研究路径——即能够生产最大的管理信息量、营造最大的管理信息势的对称化管理研究路径。

　　纠结的本质是一个信息量的问题，换句话说，所谓管理的纠结，就是管理主体具有的信息量小于管理环境或管理对象的信息量，使管理主体处于在管理决策的不确定性中。一个简单的实例是恋爱的纠结，一对处于恋爱中的甲乙双方，如果甲感到了恋爱的纠结，那一定是乙具有更大的信息量，乙或者学历更高，或者职位更高，或者更有钱，或者更漂亮，等等，因而乙对甲总是犹豫不决使甲处于不确定性之中。如果甲找一个信息量比其更小的乡下妹子（小伙），则保证对甲忠心耿耿而不会犹豫；从而甲也就不会由于不确定性而纠结。

　　更进一步从深层次上看，主体的纠结是由对象对主体态度的正反对称性造成的，在以上恋爱的情景中，甲的纠结显然是由乙对甲的肯定和不肯定的对称性态度形成的。乙的肯定与不肯定相反相成，差别最大却对应着甲联系最紧，因为信息＝差别×联系，所以产生着最大的信息量，营造着强大的信息势，从而使甲处于不确定性之中而产生纠结。这种具有本质意义的纠结情景，在数学上则由一种作为特殊的对称算子的纠结算子来刻画。如图1所示。

左边一列给出不同的对称算子
右边一列给出对应不同对称算子的几何表示
纠结在管理行为的语境中常常体现为反对称

对称算子	矩阵表示	算子作用	几何表示
恒等算子 $I = R(180)$	$I = \begin{vmatrix} 1 & 0 \\ 0 & 1 \end{vmatrix}$	$Ix = \begin{vmatrix} 1 & 0 \\ 0 & 1 \end{vmatrix} \begin{vmatrix} x \\ y \end{vmatrix} = \begin{vmatrix} x \\ y \end{vmatrix}$	x↓x y↓y
镜像算子 $M = R(180)$	$M = \begin{vmatrix} -1 & 0 \\ 0 & -1 \end{vmatrix}$	$Ix = \begin{vmatrix} -1 & 0 \\ 0 & -1 \end{vmatrix} \begin{vmatrix} x \\ y \end{vmatrix} = \begin{vmatrix} -x \\ -y \end{vmatrix}$	x↓-x y↓-y
交换算子 E	$E = \begin{vmatrix} 0 & 1 \\ 1 & 0 \end{vmatrix}$	$Ex = \begin{vmatrix} 0 & 1 \\ 1 & 0 \end{vmatrix} \begin{vmatrix} x \\ y \end{vmatrix} = \begin{vmatrix} y \\ x \end{vmatrix}$	x↘y y↙x
纠结算子 $J = R(90)$	$J = \begin{vmatrix} 0 & 1 \\ -1 & 0 \end{vmatrix}$	$Jx = \begin{vmatrix} 0 & 1 \\ -1 & 0 \end{vmatrix} \begin{vmatrix} x \\ y \end{vmatrix} = \begin{vmatrix} y \\ -x \end{vmatrix}$	x↘y y↙-x

图1　文化纠结的数学逻辑

　　由图1可知，如果一种对称算子将x→x，y→y，叫做恒等变换；将x→-x，y→-y，叫做镜像变换；将x→y，y→x，叫做交换变换；但如果将x→y，y→-x，则叫做纠结变换。这种纠结变换的寓意就好比说，"我将您当成朋友时，你却可能会把我当成仇人"，这当然就是实实在在的纠结了。对于谈恋爱的双方来说，相当于甲将乙当做真正的恋人时，乙却可能会持完全否定的态度，这当然就是甲实实在在的纠结。这种纠结的情景在中国管理的文化实践中常常遭遇到。如一个单位的年终评奖，甲得了先进，乙去向甲祝贺，然而就在祝贺的同时，乙却可能会有完全不同的想法，"要是你不当先进，我不就是先进了吗"，可见，当甲将乙当做朋友时，乙却可能会将甲当做仇人。此类种种造就了中国管理文化普遍的纠结性复杂。

应对文化纠结复杂性的管理，罗家德在 2010 年 4 月第二届比较管理学术研讨会上指出，在中国文化的关系纠结中，我们常常会看到，当你在世俗生活中得到了一个帮助而声称要报答时，对方会轻松地对你说"小事一桩"，但你要真是信以为真不予回报，那就大错了！中国文化纠结中的关系常常是当一个"对称变换"进行时就往往会伴随一个"反对称变换"，从而形成纠结。即当你按照对方的直言将对方视为一个与你对称的对象时（即 x 变为 y），对方却往往会因你没有理解他的内心将你视为与他反对称的"负你"（y 变为 -x）。当看到别人比自己跑得快时，中国组织中人的行动不是努力去迎头赶上（置换对称），而往往是想方设法给对方设绊来超过（反对称）；面对一个好的资源，本来是大家凭实力争取（变换对称对称），但几乎每一个人都希望能找到关系来"寻租"（反对称）。由此可见，在中国文化情景下的管理实践，纠结是一种无法避免的常态。无论是处于这种纠结文化中的领导或企业家，还是生活在这种文化纠结中的组织成员，都需要在能够营造最大信息势的对称性层面上，牢牢掌握一个对称性"纠结算子"，时时准备用它来进行有效的变换（数学意义上就是与纠结之事相乘），才能打开文化纠结的枷锁，窥视到人们内心深处的意识行踪，使自己处于真实的领导环境和真实的组织管理生活中。相比之下，西方由于宗教的格式化凝聚、民主的精神弘扬和文化的个性化崇拜，使西方文化中的个体行为乃至社会行动，具有简单的"线性独立性"，如果你取得了荣誉，他会真诚地向你祝贺；如果你超过了他，他会使自己更加努力来赶上你。从而使西方文化中的要素行动具有"整体的可叠加性"，由此构造了西方管理实践的简单性和行动有效性——管理中的个体行为以及整个社会行动效应非常容易产生互动而叠加性增值。

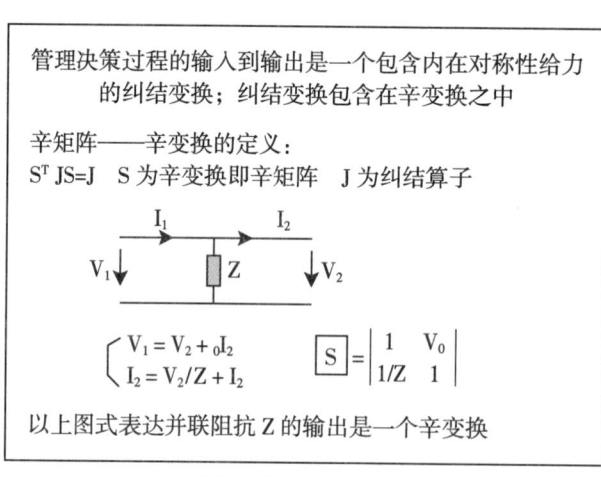

图 2 工程电路及其管理过程的纠结变换

实际上，具有普适性的管理决策过程，就是一个从输入到输出的纠结变换过程。图 2 表达一个并联电路的阻抗传输过程，在实证科学研究中，能够有效地传递电路阻抗和弹性系统在受力时的状态变化，以及一个广义网络在信息作用中的状态变换的矩阵叫做辛矩阵，而辛矩阵 S 正是用纠结算子 J 来定义的，即 $S^TJS=J$，或者 $S^TJ=JS^{-1}$。其中，S^T 是 S 的转置矩阵，S^{-1} 是 S 的逆矩阵。由于辛矩阵与纠结算子之间的这种内在联系，就是每一个实际状态的传输过程，包含了内在的纠结变换。管理过程的本质，就是使组织从一个状态转换为另一个状态，实际上就是对组织状态实施辛矩阵变换的传输过程。所以，复杂管理实践的实际管理过程，就是一个对组织不断地实施纠结变换的过程，即一个包含特殊的内在对称性变换（或反对称变换）的传输过程，由于对称性变换（或反对称变换）产生最大的信息量，营造最大的信息势，所以就像郭重庆指出的，解决中国管理情景下管理的文化纠结，"着力研究透中国的管理问题，这就是世界的，世界必然认同，国际一流也就水到渠成"。

应对中国复杂管理实践的根本路径，就是在管理过程中的每一个层次和每一个环节上，通过一个纠结变换，将作为纠结的"约束"打开变为"资源"。中国文化的纠结是一种约束，但一旦利用一个能够关注细节和情感艺术的"纠结算子"进行变换，就可以解开这种纠结而释放纠结中积聚的信息量，从而将其转变为管理的资源。也就是说，一旦我们解构了管理实践的复杂性，"复杂性约束"就会变为"管理资源"。如我们可以在势科学理论基础上利用"导数→势→对称→群"的抽象概念及科学化的逻辑演绎机制，将"线性相关的同质性"解构为集体主义的"置换群"，从而主动发挥民族文化中优秀的集体主义功能——置换对称性功能，就可以将"线性相关"的约束转变为整体对称"步调一致"的效率，从而实现卓有成效的管理；将"关系纠缠的非线性"解构为以信任为核心的"差别大联系紧"的局域对称性互补形成的"变换群"，从而将关系纠缠的"内耗约束"转变为以情感为基础的"自组织信任—局域对称化"的管理资源，就可以大大减少交易成本，实现卓有成效的管理。

五、结语

西方文化的本质在于个体的线性独立。线性独立具有两方面的优势：一方面，整体文化产生叠加效应，因而在西方文化的管理实践中，由于文化这种慢变量的役使作用，组织团体中的要素总是两个比一个强，要素越多越强势；另一方面，线性独立的文化特性，为西方社会的整体结构嵌入了稳定性——N个变量可以列出N个方程，使得社会发展具有唯一解，谁当总统无关紧要。以致在第二次世界大战中，当得知罗斯福去世以后，希特勒脱口而出"天助我也"，然而上帝并没有给希特勒任何机会，在一个强调个性化而具有线性独立的文化民族中，社会及其政治结构不会因为换一个总统而有所改变。

东方文化的本质在于，一方面忠孝导致"线性相关"，另一方面嫉妒产生"非线性纠结"。线性相关使得社会结构不可能具有稳定性，因为，N个变量的社会中，由于线性相关的化约作用，社会管理的实际求解只能列出（N—M）个方程，由此在数学上成为无解或无穷多解，无穷多解即意味着怎样都行。所以，中国社会的发展往往是"一朝皇帝一朝臣"，非连续的社会结构使得社会营造社会管理信息势的要素之一"联系"化为零，由此生产力一次次遭受严重破坏。而"非线性纠缠"则使得社会的微观摩擦极大地消减信息势——"一个和尚挑水吃，两个和尚抬水吃，三个和尚没水吃"。

基于势科学与信息人理论，从比较管理的视角看，中国社会管理的有效路径有三：其一，倡导个性化与民主化，解决中国管理中社会结构与组织结构的非稳态役使；其二，通过置换变换的制度设计和意识重建，将线性相关的同质性解构为集体主义的置换群，营造强大的管理信息量和信息势；其三，通过纠结变换的组织管理和文化管理，将"关系纠缠"的内耗约束机制转变为"自组织信任"的局域对称性机制，由此营造中国管理灵活而强大的应变信息量与应变信息势。这是基于东西方文化的比较管理能够给出的重要启示。

〔参考文献〕

[1] 孟庆生. 信息论. 西安：西安交通大学出版社，1986.
[2] 邵汉明. 百子全书·老子庄子. 陈一弘，王素玲，译注. 沈阳：辽宁民族出版社，1996.
[3] 李德昌. 信息人社会学：势科学与第六维生存. 北京：科学出版社，2007.
[4] 阿尔文·托夫勒. 未来的冲击. 蔡伸章，译. 北京：中信出版社，2006.
[5] 彼得·圣吉. 第五项修炼. 郭进隆，译. 上海：上海三联书店，1998.
[6] 宁平治，曾月新，李磊. 杨振宁科教文选：论现代科技发展与人才培养. 天津：南开大学出版社，2001.

[7] 李德昌. 势科学视域中的和谐社会及理论模型. 南京社会科学, 2010 (4).
[8] 梁昌洪. 话说对称. 北京: 科学出版社, 2010.
[9] 郭重庆. 中国管理学界的社会责任与历史使命. 管理学报, 2008, 5 (3).

Comparative Management Under the Perspective of Chinese Culture Complexity and Management Path
——Based on the Shi Science and Information People the Analysis of the Theory

Li Dechang

(Institute for Empirical Social Science Research of Xi'an Jiaotong University,
School of Energy and Power Engineering Shanxi Province, Xi'an 710049)

Abstract: the essence of management is to deal with uncertainty, Uncertainty is the essence of the difference between system elements with contact build strong information content or information potential and structure of the complexity of the management practice. From the perspective of comparative management, based on the Chinese culture management complexity mainly from two aspects, First, "loyalty and filial piety" in linear correlation, secondly, jealousy produce nonlinear entanglement. In shi science and information people theory basis, through the linear transformation of the permutation symmetry and nonlinear transformation of local symmetry, build strong management information and management information shi, is to deal with the complexity of Chinese culture, and to realize the management of China's effective path.

Key Words: Comparative Management; Shi Science; Cultural Complexity; China Management; Shi Principle of the Increase

【研究范式与方法】

从日本企业的质量经营认识管理移植

李 枫

(首都经济贸易大学工商管理学院,北京 100070)

[摘 要] 管理移植的问题对企业来说是一件非常重要的事情,在企业的发展过程中基本都要涉及管理移植的问题。但同时,管理移植又是一件非常难、风险非常大的事情,在学术界对它的研究也较少。本文以日本从美国移植全面质量管理思想的实践经验为基础进行研究,对管理移植发生的原因、移植的内容、分析的角度等进行了分析,提出了一些建议和观点,并尝试性地提出管理移植的具体实施过程。

[关键词] 移植内容;可行性分析;具体实施过程

一、"需要"是发生管理移植的重要原因

企业在成长的过程中,管理是非常重要的一环,是决定企业存亡的重要因素,也是决定企业能否成长起来的基础。但管理本身很难把握,特别是当企业发展到不同的阶段,管理也需要相应的变动,这就更增加了管理的难度。考察成功企业可以发现,它们在成长的过程中都在不断地学习其他企业的先进管理经验,甚至是从竞争对手那里学习。所以,学习和应用他人已经成功的管理经验对企业发展来说是非常必要的,这就涉及管理移植的问题。

管理移植是指某一企业在现有管理实践或情境的基础上,通过引进和吸收外来的管理知识来提高自身管理水平和实现管理创新的动态过程。在这一过程中涉及两个方面的认识:一是对自身情况的认识和把握;二是对被移植企业的管理经验和情况的认识。只有很准确地认识和把握自身与被移植企业,才能保证移植的成功,否则可能功亏一篑,带来损失。正是基于这样的原因,企业在学习其他企业的管理经验时都是非常谨慎的,通常情况不会轻易决定移植他人的管理。当一个企业决定移植管理经验时,通常是本企业产生了这样的需要。

在我国计划经济时期,这种需要可能是来自当权者的个人需要。如国有企业负责人是政府任命的,他们的升迁由政府决定。在这种情况下,企业可能不需要进行管理移植,但当权者为了出成绩,就盲目移植当时比较流行的管理,这种情况下的移植通常都会失败。如有的企业盲目引进国外先进的生产线,但由于员工素质不够,结果生产线迟迟不能上马甚至作废。

在市场经济环境下,进行管理移植的需要更多是来自企业竞争的压力,如日本企业的质量经营。"二战"前的日本产品以"质差价低"而著称,人们提到日本产品就与质量低下联系到一起。有的历史学家认为,日本之所以发动侵略战争,一个很重要的原因就是它的产品在世界市场上缺乏竞争力,为了销售产品,日本才发动战争,希望能通过这种方式将产品卖到殖民地,获取高额

[作者简介] 李枫(1978—),山西太原人,首都经济贸易大学工商管理学院博士研究生,研究方向:比较管理与公司治理。

利润。

"二战"后，日本作为受到战争影响最大的国家之一，国内一片废墟，百废待兴；而且作为一个岛国，本土资源匮乏，要想生存就必须依靠出口，换回粮食等必需品。在这样的压力下，为了生存，日本企业必须快速成长起来，与世界上的知名企业竞争，而且必须赢。正是有这样的需要，日本企业虚心学习，学习一切可能使它们成功的管理经验。

1946年，日本许多企业开始重视产品的质量，成立了日本科学技术联盟。1949年从美国引进了质量统计管理方法，先在机械、电器等工业部门应用。到1950年7月，日本科学家与工程师联合会（JUSE）第一次正式邀请戴明到日本讲学，以全面质量管理（Total Quality Management，TQM）为代表的质量管理在日本轰轰烈烈地展开。日本产品的质量也一路上升，后来其产品几乎成为优质产品的代名词，特别是像家电等工业品，就算价格贵些，但由于质量好，仍然受到市场的欢迎。

通过日本企业的质量管理发展过程可以看到，"二战"后的日本企业急于提高其产品的质量，从而增强产品的国际竞争力。而这时，一直在美国不受重视的质量管理专家——戴明，利用研究日本失业问题的机会向日本科学家与工程师联合会的一位负责人介绍自己的质量管理思想后即被重视，1950年就被正式邀请到日本讲学。随后，戴明的质量管理思想便在日本生根、发芽，帮助日本企业成功，进而帮助日本成为经济强国。能有这样结果的原因就是，日本企业急需一种提高产品质量的管理思想，而戴明正好有这样一套思想，于是就从戴明那里学习这套管理思想，应用到本国企业，产生了很好的效果。所以，需要是发生管理移植的重要原因。

与此相对，戴明是美国培养出来的质量管理专家。他是美国人，也深爱着自己的祖国，在美国生活的时间要远远超过日本。那么，为什么以戴明为代表的管理思想没有在美国先得到发展，而是等到日本经济开始威胁美国时才受到重视呢？原因很简单，就是"二战"后的美国还不需要引进这样一套质量管理思想。

"二战"中，美国本土没有受到战火的侵入；"二战"后，美国经济一枝独秀，在世界上遥遥领先。在这一时期，美国企业的质量管理所使用的是以休哈特为代表的质量管理思想和以彼得·德鲁克为代表的目标管理思想，并演化出了以ISO9001为代表的管理模式。所以，在这个时候美国企业并不需要植入新的质量管理体系，对戴明提出的质量管理思想也没给予足够的重视。直到20世纪70年代，日本经济突飞猛进，给美国企业带来威胁的时候，美国企业才开始重视戴明的质量管理思想，将其应用到企业中，也就是它们需要对质量管理进行改进了。因此，综观美国和日本的产品质量管理发展过程可以清楚地看到，"需要"是引起管理移植的重要原因，企业通常在面临"需要"问题时会想到学习和移植管理。

二、管理移植的内容分析

企业要学习他人优点，将他人优秀的管理经验和思想植根于本企业，首先需要对被移植的内容有清楚的认识，了解移植的难度和可行性。对被移植内容来说，大体可以分为四类：

（一）管理技术

管理技术是指有关管理活动方式、方法的知识总和，一般反映特定的管理科学和理论，是帮助管理人员有效开展管理活动的手段和工具，比如工作标准、操作程序、管理技巧等。管理技术处于管理内容的最表层，主要涉及一些比较容易移植的管理技巧，移植起来容易成功，发生移植的情况也最多，宽度最大。

观察日本学习质量管理的过程，最开始学习的也是管理技术方面的经验。日本企业在听了戴明的三次讲学之后，将其倡导的统计方法应用到了质量管理中，被称为统计式质量管理（Statistical Quaity Control，SQC）。但在质量管理的实践过程中，人们逐渐认识到：要提高产品质量，仅靠管理者和智能人员运用统计方法还不够，必须从经营者到作业人员都参加质量管理。质量管理不只是制造部门的事，必须有技术、采购和销售等部门的协助。所以在这时光靠引进一些管理技术、方法已经不够，需要移植一整套的制度。

（二）管理制度

管理制度分两个层次：第一个层次与管理技术相接，表现为规章制度和组织结构。这个层次的管理比较容易移植，只要有强有力的权力支持，一般都会成功。第二个层次与企业文化相接，这个层次的管理制度需要与本企业、本地区甚至本国的文化相适应，移植起来也就比较困难，这与ISO9000质量管理制度在日本的应用过程是一致的。

美国人以自我为中心，讲求人权，提倡个人英雄主义。而且，美国还是一个非常典型的法治国家，法律和规章制度多而细。在这样一种文化氛围下，美国的管理形成了注重个人职责权限准确划分，重视个人能力，希望建立完善而细致的管理制度，同时强调强有力的领导和突出的企业价值观，以引导企业所有成员向同一目标、方向努力。ISO9000质量管理体制正是在这样一种文化背景下形成的。这些标准强调企业制定明确的质量方针和质量目标，强调领导层的高度重视和参与。当然，由于美国经济对世界的影响巨大，这一质量管理体系很快就在世界流行，各国也都积极引入这一管理体制，日本也不例外。

ISO9000质量管理体系应用于日本初期并没有太多的问题。因为日本企业从"二战"后就一直重视企业产品质量的管理，因此当这套管理体系来到日本时很快就被接受，并在公司领导者的大力推行下应用到了日本企业。但是当这一体制应用了一段时间后，问题就出来了。日本企业与欧美企业不同，在组织的正规化和管理的制度化方面较弱，而且组织的集权度不高，更多的是依靠全体职工对企业的忠诚心和自主管理，最高经营者的思想要贯彻到最基层，缺少有力的组织和管理保证。同时，ISO9000质量管理体系虽然明确了各部门以及个人的职责权限，对于具体的做事方法却没有明确规定，这些都不符合日本企业的管理实际。所以ISO9000质量管理体系传到日本后，结合日本国内的文化特点得到了改进：在社长（企业的最高领导人）的强有力领导下，组织全体职工向共同的目标、方向努力。他们从质量管理的方针目标开始，逐步扩展到了全企业的整体，并且补充和细化了ISO9000质量管理体系的具体内容和方法措施，结合日本企业的具体情况实施，将这一管理体系融入已有的管理文化中。

通过介绍分析可以看到，管理制度的移植有难有易。倾向于表层的规章制度和组织结构移植起来相对容易，而通往深层、在具体实施过程中表现出企业文化的部分移植起来就比较困难了。

（三）企业文化

企业文化的移植在日美相互学习对方质量管理经验的过程中表现出巨大难度。美国强调专业化管理，质量工作就是靠一些少数的质量工程师在管理，而设计、设备、销售等工作也分别是靠各自的专家在从事管理。而且不同的专业在全国还有自己的组织，在企业内部各个专业部门是自负其责。正是针对美国企业的这种情况，20世纪60年代费根堡姆提出全面质量管理的概念。他认为仅靠数理统计方法远远不够，需要设计、生产技术、设备管理、工装管理、供应管理等许多专业部门相互配合，把组织、数理统计方法以及现代科学技术相结合，建立起一整套的质量工作体系。其核心是提高人的素质，调动人的积极性，通过抓好工作质量来保证和提高产品质量与服务质量。

与美国不同，日本企业内部整体意识强，各专业部门的领导每隔2~3年轮换一次，人们对企业的归属感远远超过对专业部门的归属感。日本文化又植根于东方文化，深受中国儒家思想的影响，强调"自觉、修为"，强调礼仪，注重等级制度和人员的资历，但上级对下级比较尊重，同时强调集体的力量。在这样的一种文化传统下，当美国的全面质量管理传到日本后，很快就产生了适合日本本土的质量管理方法——质量管理小组（QC），并取得了巨大成功。甚至有人认为质量管理小组就是日本的全面质量管理，但实际上它只是全面质量管理的一部分。日本质量管理小组最大的成功就在于突出了以人为本的管理，通过这种形式，将广大第一线人员组织起来，通过共同的学习和改善活动，调动大家的积极性，增长才干，密切人际关系，使他们明确生活的意义，在提高自己的同时为企业做贡献。

同时，由于日本强调集体主义，企业实行终身雇佣制，所以在日本上到政府下到企业都非常重视员工的教育、培训，在员工的素质方面非常舍得投资。在企业里，从最高领导到工人都要接受教育、培训，形式上多种多样，外部教育与内部教育相结合，集中培训和现场教育相结合，组织学习和自学相结合，真正体现了全面质量管理是始于教育、终于教育的理念。日本对质量管理教育的重视和范围之广在世界上是很突出的，由日本文化为基础所发展起来的质量管理体系更是影响着世界，致使美国的许多大型企业主动跑到日本学习质量管理。

但是当初从美国学习，基于日本文化发展起来的日本质量管理体系被美国企业学习和应用到美国后却发生了很大的问题。如对员工培训的重视，在美国是很难做到的。因为美国员工跳槽频繁，当公司对员工培训投入很多却遇到员工跳槽时，损失会很大。所以在美国开展以教育员工、提高员工素质为基础的全面质量管理就非常困难，甚至是不可能的。由此可以看到，不同的文化基础对应着不同的管理模式，文化不同管理一般也不同。如果要将对方连同文化的管理模式一同移植是非常困难的，特别是连带到价值观，就基本不可能了。

（四）管理哲学

管理哲学主要表现为价值观，不同企业的价值观可能相差很大，移植起来也非常困难，几乎是不可能的。如美国作者露丝·本尼迪克特的著作《菊与刀》中对日本人的描述：日本人既彬彬有礼，却也很傲慢、专横；在为人处世上既无比顽固，却也乐观调整自己去适应极端的革新；既忠诚、宽厚，却也有怨恨和背叛；既勇敢，又怯懦；做事既不考虑别人意见，心胸又非常宽广；日本民族既温顺，却不轻易服从上级。这些对日本人和日本民族的描述既是作者本人的疑惑，也是美国人对日本人的不理解。而这种不理解的产生正是基于不同的价值观。我们可以想象，如果让美国人去学习日本人的价值观，这基本是不可能的。由此也可以看到，进行管理哲学的移植是多么的难。

当日本的质量管理取得巨大成功后，人们对日本的质量管理显得尤为重视，特别是美国企业也向日本企业学习它的质量管理经验。但通过对比发现，有些方面很难，几乎是学不到的。如对质量的态度，日本企业认为产品的质量非常重要，提高产品质量就是减少企业成本，就算会影响到成本，也要保证质量，他们追求的是质量最好。而美国企业也重视质量，但却认为质量与成本之间是矛盾的，提高产品质量会增加企业成本。虽然美国企业对产品质量也要求，但要求的只是不要比竞争对手差就可以。因为它们要在顾客利益和股东利益间寻求一种平衡，这一点与日本企业非常不同。通过比较可以看出，两国企业的价值观不同，在管理方向上也有很大差别，如果让它们去学习对方的管理哲学是基本不可能的。

三、管理移植的可行性分析

企业在进行管理移植时，除了要对管理移植的内容有所了解和把握，还需要结合双方企业的具体情境进行比较、分析，进而决定能否移植，移植哪些内容。要对移植和被移植企业的情境进行分析，可以从宏观、中观和微观三个层次进行。

（一）宏观分析

宏观分析是很重要的，特别是在跨地区、跨国别的情况下进行移植，政治、经济、社会、科学技术和伦理文化等各个方面都要考虑。像日本从美国引进质量管理系统的时候，政治局面比较稳定，两国的关系很好，这样就排除了很多政治方面可能带来的风险。

在经济方面，日本国内从政府到老百姓都非常重视企业的发展，特别是形成了以主银行制为代表的经营模式，这在资金上和风险上都对企业进行管理移植提供了莫大的支持。

不但经济环境合适，就是社会环境也是非常适合管理移植的。"二战"后的日本百废待兴，加之国内资源匮乏，大多数关键物资都需要进口。这就逼迫日本企业必须走向世界，日本产品必须质量过关。日本民众和政府都深刻地认识到这一点，为质量管理移植提供了非常好的社会土壤。

而科学和教育方面，"二战"前的日本就有了很大的发展，美国又给予一定的援助，使得日本科技有了一定基础。而在伦理方面，更是集体主义当先，忠诚、勤奋的文化氛围在管理移植中起到非常重要的作用。所以，从宏观方面分析，日本具有很好的条件，为质量管理移植打下基础。

（二）中观分析

进行管理移植，不但需要对宏观因素有所把握，对于中观因素也需要分析。对中观进行分析可以从五个方面进行，如图1所示的"新五力模型"，包括行业生命周期、行业性质、行业分类、市场结构和行业竞争度五个方面。

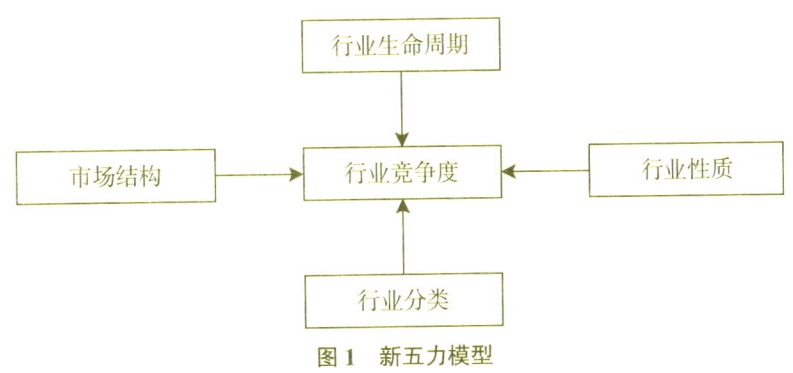

图1　新五力模型

1. 行业生命周期

行业生命周期分为初创期、成长期、成熟期和衰退期四个阶段。对于被移植企业来说，如果处于初创期，它的管理水平还不成熟，管理质量也不确定，在这个时候选择被移植企业的管理经验进行移植，风险很大，不易选取。而如果移植企业选择初创阶段进行管理移植，可以说利弊都有。有利的是，这个阶段的企业一切都还没有确定，具有很大的可塑性，学起来比较容易；不利的是，这个阶段的企业本身风险就很大，如果盲目移植管理，很可能导致失败。

成长期和成熟期阶段，对于移植和被移植企业来说都是相对稳定的阶段，管理风格比较确定，风险相对较低，是选择的最好阶段。等到了衰退期，最好不要再选择进行管理移植了。

2. 行业性质

行业性质分为增长型行业、周期型行业和防御型行业三类。增长型行业是指行业处于高速增长期，跟经济周期的关系不大，像高科技行业一般属于这一行业。这种行业变化速度很快，利润较高风险也较大，在考虑管理移植时需特别谨慎。而周期型行业是指与经济周期有密切关系的行业，像家电行业就属于这一行业。这种行业发展已经平稳，管理经验也较成熟，所以可以考虑管理移植。在选择被移植企业时与行业生命周期理论相结合，选择处于成长期和成熟期的企业较适宜。对于移植企业来说则要注意时机的把握，选择经济高涨期进行管理移植，这样容易成功。最后是防御型行业，它是指一些保守型的行业，它们的发展与经济周期的关系不大，如食品业。这一类型的行业，管理也较成熟，也考虑管理的移植，并且最好选择处于成长期或成熟期的企业。对于移植企业来说同样是考虑时机，不过这一时机可以与经济周期相反，选择经济低迷时进行。因为这时由于整体经济状况不好，进行改革的人工或者其他成本可能会低，有利于管理的移植。

3. 行业分类

行业分为资源密集型行业、劳动密集型行业、资本密集型行业和技术密集型行业。对于资源密集型行业来说，需要着重考虑的是不同地域的资源禀赋和法律、法规健全方面的差距。如英国石油公司在美国漏油，被高额罚款；同样的，美国石油公司在渤海湾漏油，中国却没有相应的法律进行足够的惩罚，所以英国的这家石油公司就肯定不能移植美国的这家石油公司的管理。

劳动密集型行业则要将劳动力成本作为一个很重要的因素考虑进去。中国劳动力的价格低，美国劳动力的价格高，在这个行业相互之间进行管理移植恐怕困难就会很大。资本密集型行业则要考虑不同国家资本运营的不同。美国公司主要通过股市进行融资，日本企业和德国企业主要通过银行进行融资，中国企业则是不同类型的企业融资渠道会有很大差别，国企可以依靠银行进行融资，但民企则更多的是通过地下钱庄进行，所以中国的融资渠道比较混乱，那么资本密集型行业在不同的国家就要有不同的考虑。技术密集型行业则是与这一地区的技术、教育程度有关，像中国是"世界制造工厂"但非洲就不是，这就是技术方面的差别带来的，这一行业的发展要考虑到这一点。

4. 市场结构

市场结构主要包括完全竞争、垄断竞争、寡头竞争和完全垄断四种情况。移植企业在决定移植时要分析清楚双方的市场结构状况，不能盲目类比、移植。如美国的汽车制造基本属于寡头竞争状况，美国汽车制造业大体上就是通用汽车公司、福特公司和克莱斯勒公司这三家垄断，所以这三家企业对美国制造业的影响非常大，对美国就业的影响也非常大。因此当它们发生经营困难时，美国政府一般都会出手帮助。中国则不一样，中国大陆的汽车制造业有40多家，属于完全竞争阶段，因此不用指望政府会给予多大的帮助，特别是民营企业。所以，美国汽车制造企业的管理经验移植到中国不一定行得通，这样在进行管理移植对象的选择上就要特别注意。不同国家的相同行业所处的市场结构不同，管理就有差别，在选择移植对象时要考虑到这一点。

5. 行业竞争度

行业竞争度主要是指迈克尔·波特的五力模型，包括潜在进入者威胁、买方议价实力、卖方议价实力、替代品的威胁和现有产业内的竞争。行业竞争度是用来评价不同国家行业的竞争激烈程度，移植双方行业的竞争程度不一样，所采取的管理方法、经验会有差别，在选择移植对象和进行管理移植时要注意。如中国汽车制造业的竞争激烈程度大，美国汽车制造业的竞争激烈程度小，在选择管理移植对象时，中国汽车制造企业最好还是不要选择美国汽车制造企业的管理为好。

中观分析是对行业进行的分析，不同行业都有自己的特点，企业在决定进行管理移植时需要考虑。日本企业在移植美国的质量管理经验时也是考虑行业上的区别，制造业与美国的相似度较高，对美国移植得较多；而餐饮业与美国的区别较大，更多地从本国的实际情况出发来发展。像肯德基、麦当劳遍布世界，发展非常好，而日本的餐饮业则没有这种发展，这就是行业差距所带来的。所以行业区别在管理移植时是非常重要的，不同国家的行业区别给选择带来了不一样的结果，同时企业移植时除了考虑行业差别外还需要对微观进行分析。

(三)微观分析

微观分析是从公司角度进行分析,主要是从上面提到的四个方面进行:管理技术、管理制度、企业文化和管理哲学四个层面进行。对于移植企业要考虑自己与被移植企业在这些方面的差别,如果差别很大很可能会导致移植的失败。如被移植企业是一家习惯通过高科技技术进行管理的公司,那么对方员工的素质也会比较高。而自己企业的员工习惯常规管理,对于高科技方式比较陌生,这样将对方企业的管理经验拿过来为自己使用,很可能失败,如实达公司移植了麦肯锡公司策划的信息系统就失败了。所以在决定管理移植的时候一定要考虑自己与对方的差别,在移植的时候要根据自己的情况进行调整。如日本在把美国的ISO9000质量管理系统移植过来的时候就根据自己的实际情况进行了调整。

四、管理移植的实施过程

(一)可行性分析的具体实现

企业要进行管理移植,必须进行可行性分析,分析的角度可以从上面介绍的几个方面考虑。考虑可以先简单进行,对企业内相关部门人员发调查问卷,从宏观、中观和微观三个层次考察他们对管理移植的看法,做一个初步判断。如果认为需要继续调研,就可以分为参考内容、差别度分析和重点分析三个部分进行判断。

参考内容分析是对一些内容做大概判断,因为这些内容很难做出精确的判断,对管理移植的影响也不是绝对的,只是在考虑管理移植时要考虑到这些因素。参考的内容主要包括两个地区的政治因素、经济因素、社会因素、行业性质和行业分类。这些因素对管理移植有一些影响,但不一定会有结果。这些因素属于参考性质,对其分析可以通过专家调查的方式进行:分别对几个有影响力的专家发放调查问卷,然后将评价结果拿回分析,再将修改后的问卷请专家分析,直到专家达成基本一致的意见,以此作为参考的数据。

差别度分析是指对移植企业与被移植企业之间的差别进行判断,如果差别很大就需要对管理移植进行慎重考虑,因为这对最后的结果影响较大。需要进行差别度分析的内容主要有科学技术的差别、伦理文化的差别、市场结构的差别和行业竞争度的差别,这些内容需要进行仔细分析,对双方企业的差别情况有个判断。当然,并不是差别大了就不能移植,但在移植的时候要注意调整,这就需要清楚差别在哪里。像日本在移植全面质量管理思想时就结合自己的特点,成立了质量管理小组(QC),以人为中心进行管理,取得了成功。

重点分析是在考虑时需要特别注意的,如果把握不好,非常容易导致管理移植的失败。它主要包括行业生命周期、管理技术、管理制度、企业文化和管理哲学。这些内容大都涉及企业本身,对企业的影响非常大,也最需要仔细考虑,如果把握不好很容易导致失败。对于这些内容的评价,需要分两步:第一步是请本企业相关部门的负责人、技术人员对本企业的上述内容给出评价,填写调查问卷;同时,请被移植企业的相关部门负责人和技术人员对被移植企业的相同内容进行评价。第二步是将两家企业的调查进行比较,发现两家企业的差距,如果差距太大最好就不要进行移植,或者做适当调整。

重点分析内容中大都是管理移植的内容,在做了前面可行性分析后就需要确定对什么内容进行移植。不同移植内容的难易程度是不一样的,管理技术的移植最简单,其次是管理制度,然后是企业文化,管理哲学的移植是最难的。所以在管理移植之前要搞清楚移植的内容是什么,如果是管理哲学部分就需要更多的分析、考虑,做出重大调整。如日本在移植全面质量管理思想时正是日本国内特别需要对产品质量予以提高的时候，并且在移植时做出了很大的改进。不仅产生了以人为中心的质量管理小组，而且在全国开展了深入的学习，提高员工素质，将这套管理思想内化到了日本制造，取得了巨大成功。

（二）管理移植的具体实施过程

"先思后行者昌，先行后思者亡"，在决定管理移植前的可行性分析非常重要，做得不好会给公司带来非常大的损失。具体来说，进行管理移植的具体实施过程表现为以下几步（见图2）：

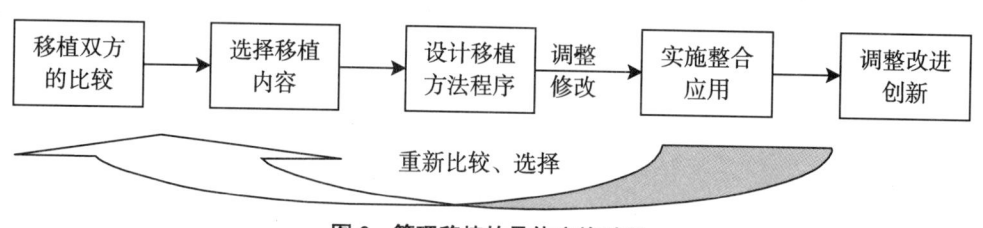

图2　管理移植的具体实施过程

图2展示了管理移植的整个实施过程。首先需要对管理移植进行可行性分析，分参考内容、差别度和重点三个方面进行分析，比较移植者与被移植者在这三个方面的类似程度，考虑移植的可能性。接着选择移植的内容，确定是哪种程度的移植，然后设计移植的方法和程序。在实施过程中，要结合实际进行整合、应用，如果发现不适应的地方要返回设计阶段进行重新调整、修改，直至适合于实际。在进一步的实施过程中则要结合实际进行进一步的调整、改进和创新，达到很好的结合。当然在这一过程中如果发现关键问题难以克服，则可以返回刚开始的可行性分析阶段进行重新选择。像日本的质量管理思想引进就经历了这样的过程。从1950年请戴明到日本进行三次学术讲座开始，日本将自己与美国进行对比，并从宏观分析、中观分析、微观分析，多次请戴明到日本进行指导，选择管理哲学层次的戴明管理思想进行移植。设计了移植的方法和程序，在全国范围内进行了大张旗鼓的教育，使得这种以统计方法为主的管理思想深入人心。在实施、应用过程中发现本国企业在技术上的不匹配，本国质量管理综合系统的研究不足，于是加强了这方面的调整、修改，并予以创新，形成了有本国特色的全面质量管理系统。

五、结　语

管理移植在实践中是一件非常复杂、困难的事，进行得不好会给企业带来巨大的损失，这就迫使管理移植的发生要有一个基础，就是有移植的需要。通常只有企业对管理有改进、移植的需要，才会冒着风险进行管理移植。

在考虑进行管理移植后，就需要知道管理移植的内容包括什么。具体来说分为四个部分，即管理技术、管理制度、企业文化和管理哲学。在实践中，对管理技术的移植较多，成功案例也很多。管理技术属于管理知识的最表层，是有关管理活动方式、方法的知识总和，一般反映特定的管理科学和理论，是帮助管理人员有效开展管理活动的手段和工具。然后就是管理制度的移植，它分为两个层次：一是与管理技术相连的规章制度，这些移植起来较容易；二是与企业文化相连的部分，这些移植起来较困难。而企业文化和管理哲学对移植来说更困难。

在了解了管理移植的内容后，需要对管理移植的可行性进行分析，这包括宏观、中观和微观三个层次。这些内容分别从不同层面对移植进行了分析，但每个层面内容的重要性是不一样的。所以在具体实施过程中，可以分参考内容、差别度分析和重点分析三个部分进行，不同部分的重要程度不一样,给移植带来的影响也不一样。最后,文章将整个移植过程列了出来,提供了一个思路进行参考。这些内容和思想虽不敢说完善,但为管理移植的进一步研究提供了一些思路可供参考。

〔参考文献〕

[1] Taylor H. Cox, Sharon A. Lobel, Poppy Lauretta McLeod. Effects of Ethnic Group Cultural Differences on Cooperative and Competitive Behavior on a Group Task The Academy of Management Journal, 1991, 34 (4).

[2] 史景星. 从蹩脚"东洋货"到称霸世界市场:浅谈日本的质量管理. 上海企业, 1982 (5).

[3] 孙世重. 论管理的移植与创新. 学习与探索, 1998 (4).

[4] 邹红梅. 浅析美国与日本质量管理的差异. 科技信息, 2006 (12).

[5] 马林. 日本的质量经营. 北京:中国经济出版社, 2009.

[6] 薛志成. 美国、日本的质量管理及其比较. 化工质量, 2005 (1).

[7] 本尼迪克特. 菊与刀. 北塔, 译. 南京:译林出版社, 2011.

Understanding Management Transplantation From the Quality Management of Japanese Companies

LI Feng

(School of Business Administration of Capital Economics and Business University, Beijing 100070)

Abstract: Management transplantation is a very important thing for enterprises.Most enterprises will encounter management transplant problem in the development process. But management transplantation is also a very difficult thing and the risk is very large. The academic researches on it are less. Based on the practical experience of Japan transplanting TQM thingking from America, this paper carry out research. This paper analysis the reason and content of management transplantation. Finally, the author tries to put forward some points of view and the specific implementation process of management transplantation.

Key words: Management Transplantation; Feasibility Analysis; Specific Implementation Process

【研究范式与方法】

比较管理研究范式的完善与发展

高 闯 房茂涛

(首都经济贸易大学工商管理学院，北京　100070)

[摘　要] 比较管理研究范式的模糊不清导致近年来学科发展的迟缓，为总结、完善比较管理研究范式，本文首先对比较管理研究对象和研究范式的概念进行界定，然后对经典比较管理理论模式的逻辑体系进行梳理，归纳出包含"环境—管理实践—管理效果"三部分的经典比较管理分析范式，在此基础上提出了由"情境—管理系统—管理效果—移植"四部分组成的改进的比较管理研究范式，并结合历时性研究方法进一步构建了基于历时性的比较管理研究范式，最后探讨了新研究范式对比较管理相关理论的兼容性。

[关键词] 比较管理；研究范式；研究对象；管理系统；管理移植

一、引　言

比较管理理论产生于20世纪50年代，其后得到快速发展。60年代形成了比较管理理论丛林，从概念体系上初步建立了比较管理的理论模式。70~80年代，随着日本经济的崛起，比较管理研究掀起了"日本热"，涌现出以《Z理论》、《日本的管理艺术》、《公司文化》、《成功之路》等"管理新潮流的四重奏"为代表的一系列论著，这些著作围绕日美企业管理的异同进行了深入的比较分析，拓宽了比较管理的研究视角，将比较管理研究推向了高潮。90年代以来，比较管理研究虽然在文化与制度等领域得到进一步拓展，但总体上研究成果较为稀缺，学科发展进入一个较沉寂的时期。

比较管理学近年来的停滞不前，原因是多方面的，其中一个重要的原因是，学者们对比较管理的研究范式缺乏统一的认识，致使相关研究无法在共同的逻辑框架下展开，无法准确地进行自我定位，从而无法有效地整合到比较管理理论体系中，相关研究对比较管理发展的贡献就大打折扣。近年来一些学者也尝试对比较管理的分析范式进行综合（黄群慧，2009；王雪梅，2010），然而相关研究对比较管理理论体系的阐述不够深刻，未能形成广泛的共识。事实上，60年代发展起来的经典比较管理理论模式已经为比较管理研究的逻辑体系勾画了基本的框架，只是后来的一些研究成果忽视了与此的关联，导致无法形成合力。

当然由于提出年代较早，经典比较管理研究范式略显粗糙，还存在诸多的不足。本文尝试对经典比较管理研究范式进行总结、梳理，在此基础上，结合经济管理理论与实践的新发展对其进行改进和完善，以求形成一个较系统的比较管理研究范式，为夯实比较管理的学科基础进行一些积极的探索。

[作者简介] 高闯（1953—），男，辽宁沈阳人，首都经济贸易大学工商管理学院院长、校长助理、教授、博士生导师；房茂涛（1980—），男，山东济宁人，首都经济贸易大学博士研究生，研究方向：技术经济及管理。

二、比较管理的研究对象与研究范式

(一) 比较管理的研究对象

探讨比较管理的研究范式，首先应明确比较管理的研究对象。关于比较管理的研究对象，学者们的认识并不一致，高闯和关鑫（2010）将不同学者的观点概括为四类：①重合说，即比较管理的研究对象与管理学的研究对象重合，研究管理活动的基本原理与普遍规律。②管理现象说，即研究不同国家或地区之间"管理现象"的异同点、模式及其效果。③管理思想与实践说，即研究对比不同情境中的管理思想与实践。④管理方式说，即各类组织履行管理职能的方式。他们认为，一方面，比较管理并不是简单地重复研究管理学中的一般理论，而是更加侧重管理实践层面；另一方面，只有具有统计学意义的要素才具有研究价值，管理"现象"、"实践"、"方式"均属表面化、碎片式的元素，它们都是对不同层面、不同形式的管理模式或其组合的认识，企业间不同情境下的管理模式才是比较管理研究的核心问题。然而，管理模式这一概念过于宽泛，并没有将管理"现象"、"实践"、"方式"等表面元素与其背后深层次的管理问题区分开。两位学者同时提到"管理机制"这一概念，认为管理机制支配着管理行为和管理方式。黄群慧（2009）虽然认为比较管理的研究对象是管理方式，但对管理方式的认识也没有仅仅停留在管理实践的表层，他指出管理方式是管理系统的运行方式，包括执行管理职能的观念、价值标准、方法、分析技术等内容。

综合以上观点，比较管理的研究对象应介于一般管理原理和管理实践活动之间、能够反映管理系统的内在结构与运行机理，而管理机制这一概念更能体现以上特征，因此，简单来说比较管理的研究对象就是管理机制。进一步讲，比较管理主要研究不同情境下企业管理系统的运行机制，识别管理机制间的相同、相似及差异性，分析其根源与演化过程，并为不同情境下的管理移植提供功能性论证。

(二) 比较管理的研究范式

范式（Paradigm）这一概念由美国科学哲学家托马斯·库恩最早提出，他先后对范式进行了多次表述，指出范式是模型、模式、框架，是事例或例证，是共同信念或承诺，等等，涉及范式的外延和内涵等多方面，概括起来，库恩认为范式从本质上讲是一种理论体系，是一定时期科学共同体内的共同见解、信念、约定、预想，也包括理论、定律和仪器设备等。高闯认为范式是一门学科的研究活动能否顺利展开的基本条件，是科学家们在交流学术问题时所一致认同并共同使用的逻辑系统、分析理路与叙事方式。王雪梅（2010）将范式描述为选择、使用研究方法过程中所需要的一个指导框架或模式，即科学共同体从事某一类科学活动必须遵循的一般规律。

可见，范式是某一科学共同体围绕某一科学研究所具有的共同信念，这一共同信念规定了该科学研究的理论体系、基本观点与方法，提供了理论模型和解决问题的基本框架（王宝玺，2008）。比较管理的研究范式是指比较管理研究共同体在研究中所遵循的共同信念与理论体系，所采用的基本观点与方法、逻辑框架与模型等，它既包含共同信念或共识这种内涵式范畴，也包括比较分析模型与方法等外延式范畴。明确范式的概念，有利于对比较管理的经典理论模型进行梳理和总结，发现规律，建立比较管理研究的共同基础。

三、经典比较管理研究范式及其完善

（一）经典比较管理理论模式

20世纪60年代，比较管理研究领域先后出现三个代表性的理论模型，这些模型探讨了比较管理研究的基本框架，有力地推动了比较管理学科的发展。国内学者对这些模型的称谓略有差异，黄群慧（2009）、高闯和关鑫（2010）称之为理论模式，杜鹃（2010）称之为研究框架，王雪梅（2010）则直接将其称为分析范式，从本质上看这些模型均属于范式的外延范畴，在此沿用"比较管理理论模式"这一表述。

1. 法默—里奇曼模式

法默（Richard Farmer）和里奇曼（Barry Richman）于1964年开创性地提出了第一个比较管理理论模式（见图1），该模式强调外部环境因素对企业管理过程、管理效果直至经济系统效率的影响，对外部环境因素和管理过程要素进行了细分并分析了二者之间的关系，初步构建了一个由外部环境、企业管理过程及效果三个方面组成的体系，为不同国别环境下企业管理的比较研究提供了分析思路。

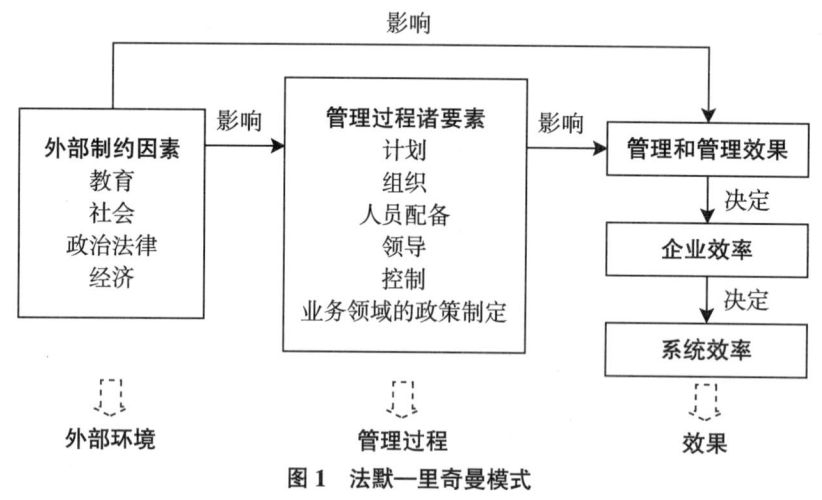

图1 法默—里奇曼模式

2. 尼根希—埃斯塔芬模式

尼根希（Anant Negandhi）和埃斯塔芬（Bernard Estafen）于1965年对法默—里奇曼模式进行了修正，引入管理哲学这一企业内部变量，认为之所以同一文化环境中不同企业的管理实践结果各不相同，是因为企业的管理哲学存在差别，管理哲学和外部环境因素共同影响企业的管理实践，并通过管理实践影响管理绩效与企业绩效。如果将管理哲学看做企业内部的一种环境要素，那么该模型同样包含了三个部分，即环境、管理实践与效果（见图2）。

3. 孔茨模式

1969年，美国著名管理学家孔茨（Harold Koontz）提出了一个更加全面的理论模型（见图3）。孔茨认为，管理哲学这一要素实际是企业对环境要素做出的反应，不能作为一种独立变量存在，企业的人力、物力资源则是应该考虑的要素。他强调比较管理的重要目的是研究管理移植问题，管理的基本理论和原理是普遍适用的，但在不同环境下的应用方式不一样，研究管理移植问题就需要辨别、分析管理理论和原理在不同环境下是如何应用并发挥作用的，从而有必要对管理科学与管理实践、管理科学与企业职能科学、管理实务与非管理实务进行区分。尽管孔茨对比较

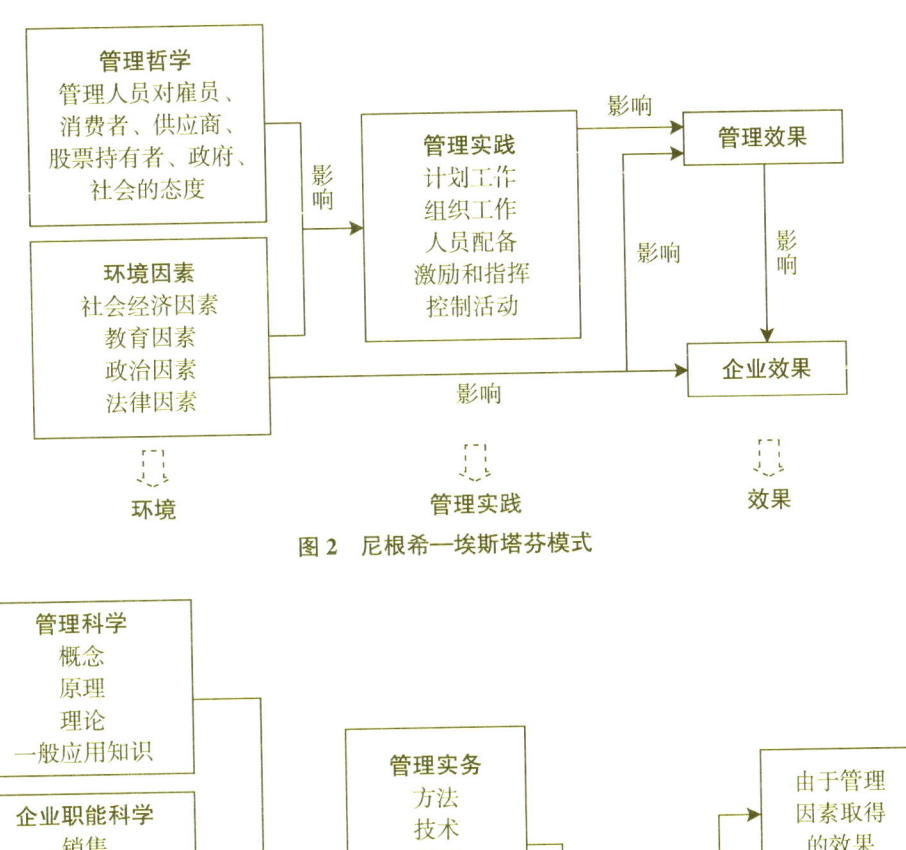

图 2　尼根希—埃斯塔芬模式

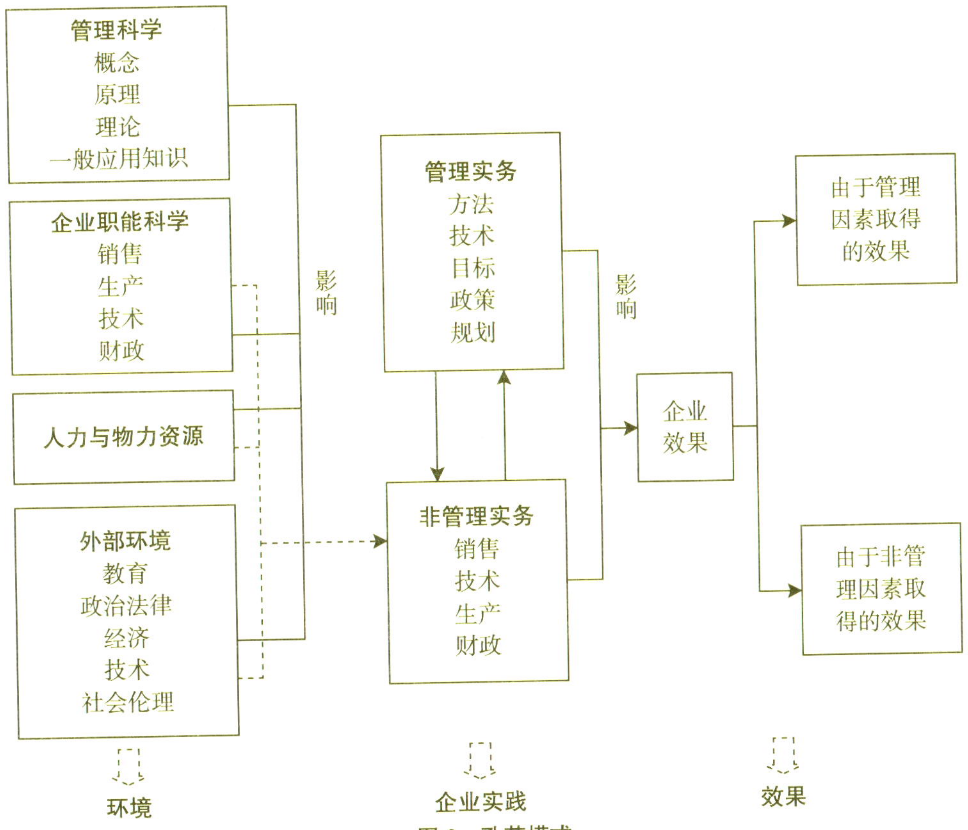

图 3　孔茨模式

管理的理论模式进行了较大幅度的调整，我们仍可将该模式分为环境、企业实践与效果三个部分。

（二）经典比较管理研究范式的梳理

比较管理的上述三种理论模式存在以下几个共同的认识或假设：

（1）比较分析的对象是管理实践活动。三种模式中，比较研究的重点或中心环节分别是：法默—里奇曼模式的管理过程（包括计划、组织、人员配备、领导、控制等10种要素），尼根希—埃斯塔芬模式的管理实践（包含要素与前者基本相同），孔茨模式的管理实务（管理知识的应用方式，包括方法、技术、目标、政策、规划等），可以将它们统称为管理实践。三种模式均认为，企业间的管理实践活动是可以进行比较的，采用比较的方法可以在不同企业间实现管理实践经验的相互借鉴或管理知识的移植。

（2）企业管理实践在一定环境下进行，受环境要素的影响。法默—里奇曼模式首先引入了教育、社会、政治法律、经济等外部环境因素，展示了外部制约因素对管理过程的影响；尼根希—埃斯塔芬模式进一步加入了管理哲学这一变量，认为管理哲学和外部环境共同影响管理实践；孔茨模式强调外部环境、内部人力、物力资源及管理科学、职能科学知识等因素，它们既影响企业的管理实务，又影响非管理实务。由此不难推论，不同企业的管理实践活动在不同环境因素的影响下会表现出相同、相似或相异性。

（3）不同企业的管理实践会产生相同、相似或相异的管理效果，管理效果是检验管理实践的重要标准。三种理论模式都把管理效果或企业绩效作为从属变量或因变量加以考虑，它们既是管理实践活动的结果，又可作为分析评价不同管理方式的依据，从而使管理实践的分析更加直观、更具可比性。

在这些共识的基础上，经典比较管理理论模式形成了一个由环境、管理实践和管理效果三部分内容组成的理论体系（图1、图2、图3已初步展示），这一看似简单的体系包含以下逻辑：比较分析的对象是管理实践活动，是研究的中心；但由于管理实践受环境制约，应从环境分析着手，明确环境与管理实践之间的关系，进而分析、比较不同环境下管理实践存在的异同及其原因；而对管理实践的评价则离不开管理效果的分析，效果较好的管理实践才具有被借鉴或移植的价值。我们可将这一逻辑系统称为经典比较管理的研究范式（简称"经典范式"），该范式是对三种经典比较管理理论模式的提炼与综合，经典比较管理理论模式则是该范式的外延（见图4）。

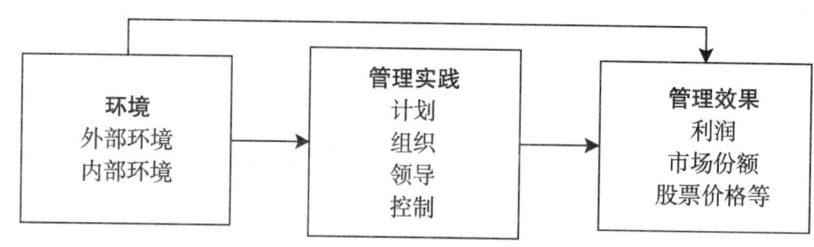

图4 经典比较管理分析范式

需要说明的是：

（1）该研究范式对环境的认识存在一个不断深化的过程。法默—里奇曼模式只论及外部环境；尼根希—埃斯塔芬模式中的管理哲学，是企业对利益相关者的态度，或者说是企业对环境要素做出的反应，体现了企业与环境间的互动性；孔茨模式进一步关注人力、物力资源等企业内部环境要素，并将管理科学和职能科学也作为自变量加以考虑，事实上也可以将这些科学知识归类于企业内部的资源要素，那么该范式中影响管理实践的环境就主要由外部宏观环境和内部微观环境两个方面构成。

（2）孔茨模式把企业的实践活动分为管理实务和非管理实务，并由此得出管理因素绩效和非管理因素绩效，这种区分方法虽然有一定道理，但作为一种管理研究范式，没有必要将这些非管理实践作为研究的重点，可以换一种思路，把非管理实务看成影响企业管理行为的内部环境要素，这样我们仍然认为该范式将管理实践作为研究对象，避免了孔茨模式中过多的非管理因素对比较管理研究造成的干扰。

（3）关于管理实践的结果，除了管理效果，三种理论模式还论及企业绩效，法默—里奇曼模式更提到经济系统效率，但从经典比较管理理论模式的研究对象看，需要关注的应是管理实践的管理效果或绩效。另外，鉴于管理绩效和企业绩效的关系，对管理绩效的衡量又离不开企业绩效，如尼根希和普拉萨德（1971）提出用总利润与纯利润、利润增长、市场份额的增长、股票价格的增长、人员流动率、顾客数量六项具体指标来衡量管理效果，显然这些指标均源于企业绩效指标。因此在比较管理研究范式中没有必要再单独讨论企业绩效，管理绩效本身就是管理实践对企业绩效所做的贡献，或者说管理绩效是企业绩效中能够反映管理实践成果的部分，这部分才是比较管理需要分析的内容。

（三）比较管理研究范式的完善

经典比较管理理论模式及其所包含的分析范式为比较管理研究提供了良好的理论基础，然而该研究范式尚存在一些不足。

首先，对环境的认识有待进一步深化。

经典范式认为环境（Environment）影响管理实践活动，然而环境是一个较宽泛的概念。近年，管理学者越来越关注管理知识的情境（Context）化应用问题，徐淑英和张志学（2005）将管理知识分为超越情境的理论或知识、受情境制约的理论或知识、针对具体情境的理论或知识，主张进行本土化管理研究；高闯（2010）认为，比较管理研究的是受情境制约的理论或知识，指出情境是企业内外部环境要素按照一定的规则组合而成的集合体；蓝海林（2012）等认为，"情境"更多地是指企业与企业之外的各种因素的前后、内外和上下的关系及其交互作用。由此可见，情境与环境的含义是有差别的，比较管理研究范式中的管理实践实际上是处于具体情境（环境要素的组合）之下，而非受泛泛的环境影响。因此，使用情境代替环境更能反映比较管理研究的本质，同时情境与企业管理实践也不再是单向的影响关系，而是交互作用的关系。

其次，对比较管理研究对象的理解过于表面化。

经典范式将管理实践作为研究对象，正如本文第二部分所述，管理实践活动属于表面化、碎片化的元素，对它们进行研究缺少统计学意义，会使比较管理研究陷入杂乱无章的境地。比较管理应在管理普遍原理和管理实践之间搭建一座桥梁，应揭示具体情境下管理现象背后的管理机制或运行机理，或者说应研究受情境制约的管理理论或知识，只有这样，不同的研究对象之间才真正具有可比性，比较管理的研究才有意义。

最后，没有分析如何进行管理移植。

比较管理研究的目的是分析管理知识的移植问题，孔茨的这一观点对比较管理研究具有指导意义。然而，三种经典理论模式中，法默—里奇曼模式并没有直接分析管理移植问题，只是隐含了通过比较分析可以实现不同环境下管理经验的相互借鉴这一思想；尼根希—埃斯塔芬模式明确指出管理哲学可以从一种文化引入另一种文化；孔茨模式更加强调移植的重要性，为此对管理要素和非管理要素进行了一系列的区分，但三者都没有真正考虑如何进行管理移植这一重要问题。这一不足可能与其对比较管理研究对象认识的局限性有关，现实中企业的管理实践活动如此纷繁芜杂，只对这些管理活动或现象进行比较分析而忽视其内在机制，很难找到管理知识与具体情境下的应用之间的结合点，导致管理移植的具体实施缺乏可行性。

对经典范式的上述缺陷进行适当补充和完善，可以得到一个改进的比较管理研究范式（简称"新范式1"，见图5）。新范式1包含情境、管理系统、管理效果和移植四个子系统，四个子系统间的逻辑关系是：管理情境影响管理系统及其运行机制，管理系统又对情境具有反作用；管理效果既受管理系统运行状况的直接影响，又受情境因素的间接影响，同时根据强化理论，管理效果又反过来影响管理系统和情境；管理移植是在对管理系统中的管理机制比较分析的基础上，结合管理情境和管理效果，实现组织间管理机制的借鉴或转移，同时管理移植又会直接引致管理机制的变化并间接影响情境和管理效果。它们各自的含义及构成如下。

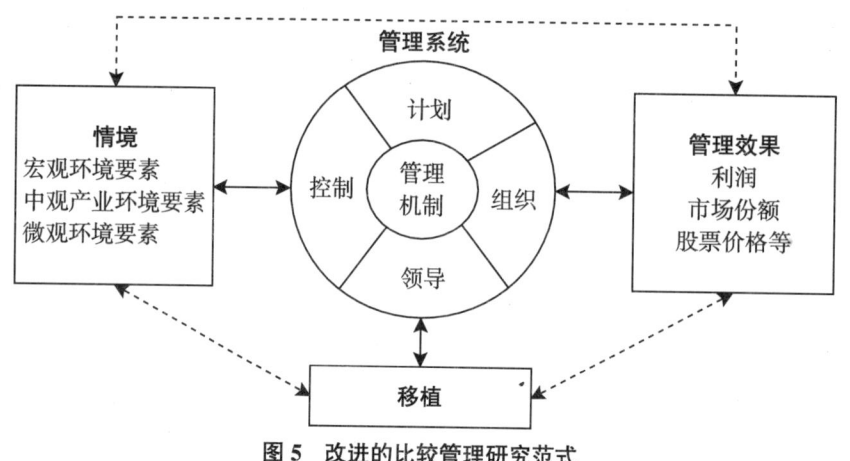

图5 改进的比较管理研究范式

(1)情境。情境由外部宏观环境要素、中观产业环境要素和内部微观环境要素组合而成，环境要素的构成及其组合方式对每个企业来说都是不一样的，这意味着每个企业所处的情境都是独一无二的。宏观环境主要包括政治、经济、社会文化、技术等因素，每一个因素又可细分成不同的层次、指标或维度，如霍夫斯泰德（2010）将国家文化分成五个维度：权力距离、集体主义—个体主义、阴柔气质—阳刚气质、不确定性规避、长期导向—短期导向。中观产业环境主要包括产业总体规模、供需状况、竞争状况、进入退出壁垒、产业生命周期等因素。微观环境主要包括企业内部的资源、能力、文化等因素，这些因素属于企业可控的环境变量，与管理系统具有较强的互动性。

(2)管理系统。管理系统是由企业的管理职能活动和隐藏于管理活动背后的管理机制共同构成。管理职能活动包括计划、组织、领导、控制等，这些活动处于管理系统的外层，形成可直接观察的各种管理现象。管理机制是管理系统的核心，反映了管理系统的内在结构及关联、运行规律和机理，决定了各项管理职能的活动规则及活动方式，具有动态性和相对稳定性，同时又受企业具体情境的影响和制约，适合做比较分析的对象。

(3)管理效果。此部分的含义及度量指标与经典范式的相应内容并无差异。

(4)移植。管理移植是指在现有管理实践与环境条件的基础上，通过引进和吸收外来的适用性管理知识，提高自身管理水平，实现管理方式创新的动态过程（孙世重，1998；曹洲涛，2005；高良谋和胡国栋，2011）。在新研究范式中，鉴于研究对象的限定，移植的内容是管理机制或受情境制约的管理知识。管理移植强调实际功能的移植而非简单的形式模仿，移植包含引进、吸收和创新的过程，因此管理机制虽受情境制约，但并非不可移植，其所包含的核心机理或功能仍可以在情境不同的企业间转移。如日本大企业的终身雇用制移植到美国企业中变为长期雇用制，虽然由于情境差异该机制的形式有所变化，但其核心机理和发挥的作用却得以传承。

前面各种范式或模型均展示的是对单一组织或同类组织群进行分析的基本过程，这是比较分析的基础；下面借助两个组织或两类组织群间的比较分析，进一步说明新研究范式1的逻辑理路（见图6）。假设有两个分处不同国家的组织或组织群A和B，为实现两者间管理机制的移植，比较分析应遵循以下步骤：①分别对A、B的管理情境、管理系统及其机制、管理效果的具体状况及之间的关系进行独立分析。②比较双方管理机制的相同、相似、相异性，并结合具体情境分析原因。③对比A、B的管理效果，如果A优于B，则分析A的管理机制是否可以移植到B中，移植可行性的判断应重点考虑A管理机制的功能是否可在B情境中实现、是否可与B原有的管理机制有机融合。④实施管理机制的移植，移植过程中A、B的管理机制都发生了改变，A的管理机制需针对B的管理情境进行调整，B原有的管理机制并没有被完全否定或弃用，而是在引进A管理机制的基础上进行消化、吸收和再创新，从而形成一种全新的管理机制。可见，在新研究范式中，移植的地位和作用非常突出，通过不同组织或组织群间管理机制的比较及转移，移植成为比较对象间产生关联的桥梁和纽带，它既是比较管理的目标，又是比较管理的最终结果。

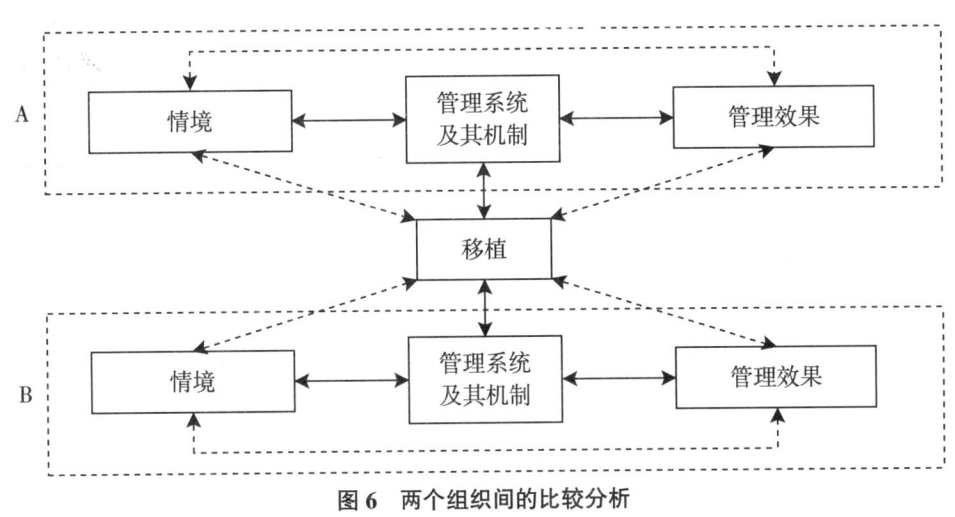

图 6 两个组织间的比较分析

四、研究范式的进一步发展——基于历时性的比较管理研究

（一）基于历时性的比较管理研究范式

无论是经典范式还是改进的新范式1，本质上都属于静态的共时性研究，即在当前时点上分析跨区域（情境）的不同组织在管理上的异同。然而事物的发展都是历时性的过程，管理机制的当前状况有其历史渊源和演进路径，为了更好地分析管理机制间的异同及原因，有必要超越"存在"而进入"过程"，采用历时性的分析方法，探寻管理机制的遗传、变异和选择机制（高闯和关鑫，2010）。将比较管理共时性研究的范式和历时性研究的思想结合起来，可构建一个如图7所示的新的比较管理研究范式（简称"新范式2"）。

由于引入时间因素，新范式2的研究内容和思路得到较大的扩展。仍假定有两个组织或组织群，A、B分别表示二者当前的状态，A_0、B_0表示各自的初始状态或研究可追溯的历史起点的状态（A_0、B_0不一定处于同一历史时点），A'、B'则表示由初始状态到当前状态过渡的各种可能存在的状态（并非某一固定时点），那么比较研究的变化至少体现在两个方面。

首先，对单个组织或组织群的研究不再局限于在当前时点上分析其管理机制的状况及情境、管理系统和管理效果间的关系，而是可以分析历史上某一时点上（如A'）三者的具体状况及彼此间的关系。同时，运用演化方法可分别分析情境要素和管理机制由初始状态演进到当前状态的历史路径，并可分析评价不同状态下管理效果的变化，这既有助于发现管理机制自身的演进规律，又有助于深刻把握管理机制与情境要素之间的关系。可见，对单个组织或组织群的分析实现了历时性和共时性的结合。

其次，两个组织或组织群间的对比分析也不再局限于同一时点上的比较，而是可以将一个组织或组织群某个时点上的状态与另一组织或组织群任意可观测的时点上的状态进行比较，反之亦然，如B可以和A、A_0、A'进行比较，A_0可以和B、B_0、B'进行比较。这种变化一方面使组织间管理机制的异同性及原因的分析更加深入，如A与B之间的管理机制存在较大差异，而A_0和B'之间的管理机制则无明显差异，那么就可以通过分析$A_0 \to A$、$B' \to B$的演进过程来探寻两种管理机制出现分化的原因;另一方面,管理移植的内容和范围也大大丰富,在比较分析的基础上,两个组织间的管理机制可实现跨时性移植,如 A_0 的情境与 B 的情境极为相似,而 A_0 的管理效果也明显优于 B 的管理效果,则可以考虑将 A_0 的管理机制移植到 B 中。

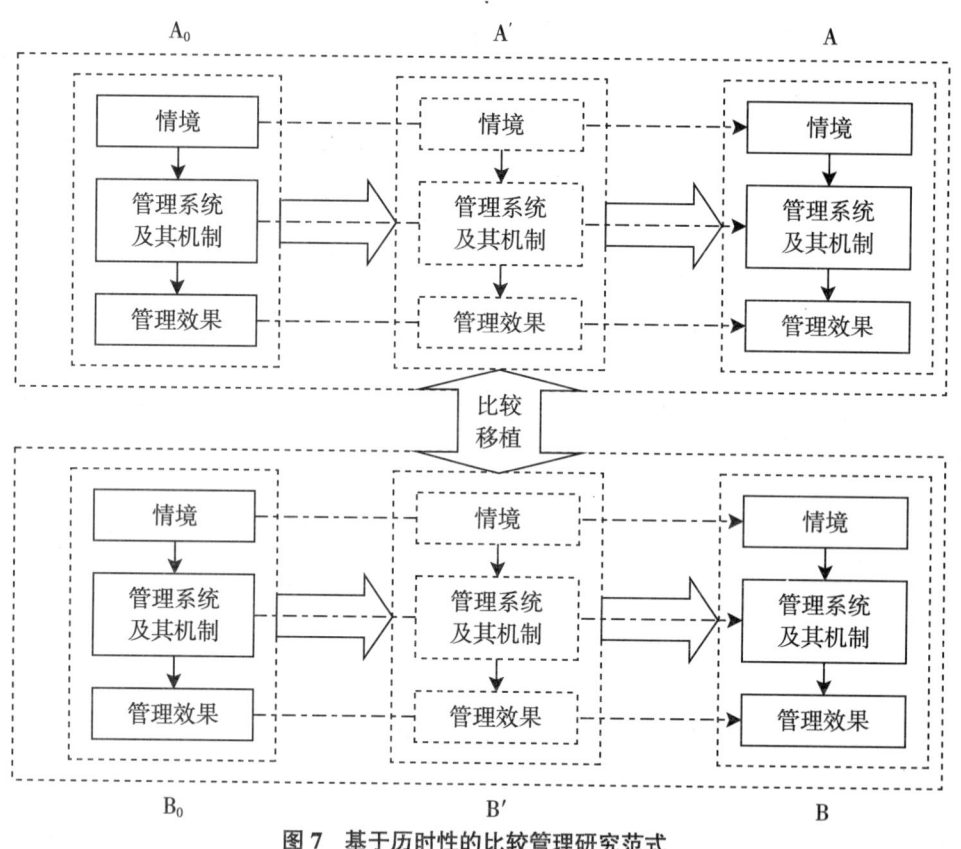

图 7　基于历时性的比较管理研究范式

(二) 理论兼容性分析

研究范式在于构建一门学科理论研究的逻辑框架和共同基础,检验一种研究范式是否成立,主要考查该范式是否可以为该学科的不同理论、模式、方法搭建一个共同的平台,将它们有机地整合在一起。基于历时性的比较管理研究范式是对经典比较管理理论模式的综合与发展,显然可以兼容经典比较管理理论;那么对于目前处于比较管理研究主流的文化流派和近年发展迅速的制度流派,该范式是否可以实现有效兼容呢?

比较管理文化流派主要研究文化对企业管理活动的影响(假设其他环境要素不变),这一流派的成熟做法是将企业外部的宏观文化和企业内部的微观文化划分成不同的维度,分别研究这些维度对管理活动的影响,并采用演化方法分析文化的演进、发展的历程。企业内、外部的文化都属于企业的情境要素,因此该流派本质上是研究情境与管理系统间的关系问题,并在研究中采用了演化分析等方法,这些研究内容和方法均是新范式 2 中所包含的。

比较管理制度流派强调制度的内生性和制度变迁的路径依赖性,主要分析、解释制度变迁的路径。制度流派大量使用进化博弈论的方法分析制度的演进过程,认为制度是博弈规则,博弈各参与方基于博弈规则进行策略选择,并最终达到均衡状态(意味着规则最终实现了某种功能或机理),随着制度的演进,博弈规则→策略选择→均衡状态的过程是不断循环发展的。从管理机制的视角看,这一过程实际上就是一种管理系统或其子系统的内在运行机理,因此制度流派研究的制度变迁过程也是管理机制演变的过程，可以将制度流派作为新范式2中管理机制演进路径分析的一种工具或方法。

此外，Schollhammer（1969）提出的"比较管理理论丛林"观点，认为比较管理有社会—经济方法、生态方法、行为法和折中—经验方法四个理论派别，实际上这些派别只是运用不同的方法研究情境要素与管理实践或行为的关系，以解释不同情境或国别中管理实践或行为的差异性，其研究思路也没有摆脱"情境—管理系统—管理效果—移植"这一框架。因此"比较管理理论丛林"也可以融入新研究范式2中。

可见，基于历时性的比较管理研究范式对比较管理主要学派的理论、方法均具有良好的包容性和整合能力，在这一共同的理论平台上，各个学派完全可以互相兼容、互相促进、共同发展。

五、结论与展望

鉴于比较管理研究范式不明确对学科发展的限制，基于对比较管理研究范式进行梳理和完善的目的，本文首先对比较管理研究对象和研究范式的概念进行了界定，然后对经典比较管理理论模式的逻辑体系进行了整合，总结了经典比较管理研究范式，在此基础上提出了两个改进的比较管理研究范式，并探讨了新研究范式对比较管理相关理论的兼容性。主要有以下结论：

（1）比较管理的研究对象是管理活动或管理现象背后的管理机制，管理机制反映的是管理系统的内在结构与运行机理，是介于"超越情境的理论或知识"和"针对具体情境的理论或知识"之间的"受情境制约的理论或知识"。

（2）比较管理的研究范式是指比较管理研究共同体在研究中所遵循的共同信念与理论体系，所采用的基本观点与方法、逻辑框架与模型等，它既包含共同信念或共识这种内涵式范畴，也包括比较分析模型与方法等外延式范畴。

（3）三种经典比较管理理论模式具有共同假设或认识，基于这些共识可以梳理、归纳出一个由"环境—管理实践—管理效果"三部分构成的研究范式。

（4）经典比较管理研究范式尚存在不少缺陷，对这些缺陷加以修正，可构建一个由"情境—管理系统—管理效果—移植"四部分组成的新研究范式1；在新研究范式1的基础上引入历时性研究的思想，可形成一个更为综合的新研究范式2，这一研究范式对比较管理各理论学派具有良好的兼容性。

本文在经典比较管理研究范式的基础上提出了新的比较管理研究范式，搭建了一个总体性的逻辑分析框架，但文中对该范式和比较管理各种理论学派、各种方法间的关系只做了简要的分析。后续研究中，一是需继续对文中提出的研究范式进一步优化，使其理论基础更牢固，兼容性和解释力更强；二是要进一步明确比较管理各学派在该研究范式中的地位和作用，进一步顺各学派之间的关系；三是要进一步整合包括比较制度分析方法、演化经济学等理论、方法在内的先进经济管理研究方法，为比较管理学科发展提供新工具、新活力，在理论框架逐步完善的基础上促进比较管理具体研究方法的成熟和完善。

〔参考文献〕

[1] Farmer R. N., Richman B. M.. A Model for Research in Comparative Management. California Management Review, 1964, 7 (2).

[2] Negandhi R., Prasad B.. Comparative Management. Appleton Century Crofts, 1971.

[3] Schollhammer H.. The Comparative Management Theory Jungle. Academy of Management Journal, 1969 (12).

[4] 吉尔特·霍夫斯泰德. 文化与组织：心理软件的力量. 北京：中国人民大学出版社，2010.

[5] 托马斯·库恩. 科学革命的结构. 北京：北京大学出版社, 2003.
[6] 青木昌彦. 比较制度分析. 上海：上海远东出版社, 2001.
[7] 曹洲涛. 管理知识移植中的组织学习探讨. 科技管理研究, 2005 (12).
[8] 杜鹃. "法默—里奇曼"比较管理研究框架修正. 比较管理, 2010 (7).
[9] 高闯, 关鑫. 比较管理的研究对象与边界. 中国工业经济, 2010 (12).
[10] 高良谋, 胡国栋. 管理移植与创新的演化分析. 中国工业经济, 2011 (11).
[11] 黄群慧. 比较管理学的理论模式研究. 外国经济与管理, 1991 (5).
[12] 黄群慧. 比较管理学的研究方法、理论模式及对我国的现实意义. 社会科学管理与评论, 2009 (4).
[13] 蓝海林, 宋铁波, 曾萍. 情境理论化：基于中国企业战略管理实践的探讨. 管理学报, 2012 (1).
[14] 孙世重. 论管理的移植与创新. 学习与探索, 1998 (4).
[15] 徐淑英, 张志学. 管理问题与理论建立：开展中国本土管理研究的策略. 南大商学评论, 2005 (12).
[16] 王宝玺. 高等教育学研究范式及其演进. 高等教育管理, 2008 (1).
[17] 王雪梅. 经典比较管理分析范式及其整合框架. 比较管理, 2010 (7).
[18] 赵大远. 中韩企业管理比较的借鉴与启示. 复旦大学, 2003.

The Improvement and Development for the Research Paradigm of Comparative Management

Gao Chuang   Fang Maotao

(School of Business Administration of Capital Economics and Business University, Beijing 100070)

Abstract: In recent years, the development of comparative management has been slower, which is largely due to the fuzziness of its research paradigm. In order to improve the research paradigm of comparative management, this article firstly defines the research object and paradigm, and by combing the logic system of classical comparative management theories, generalizes a paradigm of them which could be described as "environment-management practices-management effectiveness". On this basis, this article proposes an improving paradigm, shown as "context-management system-management effectiveness-management transfer", and put forward a diachronic research paradigm, then discusses its compatibility for relevant comparative management theory.

Key Words: Comparative Management; Research Paradigm; Research Object; Management System; Management Transfer

【研究范式与方法】

国际比较管理研究院成立暨管理学发展的比较维度与研究范式研讨会综述

柳学信 张祖群

(首都经济贸易大学工商管理学院，北京 100070)

[摘 要] 2012 年 6 月 1 日由首都经济贸易大学主办的国际比较管理研究院成立仪式暨"管理学发展的比较维度与研究范式研讨会"在北京亮马河大厦万黛 C 厅隆重举行。全国人大常委、中国社科院原副院长、中国企业管理研究会会长陈佳贵研究员，国家发改委宏观经济研究院主任吴晓华研究员，北京市社科联常务副主席陈之昌先生等来自全国著名高校、研究机构、学术杂志、知名企业的专家学者 60 多人参加了会议，共同见证了"国际比较管理研究院"的成立。在这次会议上，各位专家就中国比较管理研究的必要性、研究进展以及研究范式等问题进行了深入探讨。

[关键词] 比较管理；研究范式；首都经济贸易大学

2012 年 6 月 1 日由首都经济贸易大学主办的国际比较管理研究院成立仪式暨"管理学发展的比较维度与研究范式研讨会"在北京亮马河大厦万黛 C 厅隆重举行。

第一单元为"国际比较管理研究院"成立仪式。包括全国人大常委、中国社会科学院副院长、中国企业管理研究会会长陈佳贵，对外经济贸易大学校长施建军，北京市社会科学界联合会常务副主席陈之昌，当代商城总裁匡振兴，首都经济贸易大学书记柯文进、校长王稼琼、副校长丁立宏、副校长王文举、原副校长郑海航、校长助理兼工商管理学院院长高闯等在内的 50 余名特邀嘉宾见证了"国际比较管理研究院"的成立，气氛隆重而热烈。王稼琼校长代表首都经济贸易大学，对来自中国社会科学院、北京大学、清华大学、中国人民大学、香港理工大学等全国著名高校、研究机构、知名企业的各位专家、学者、企业家的光临表示热烈欢迎和衷心感谢！

国际比较管理研究院（以下简称"研究院"）的成立是首都经济贸易大学落实教育部《高等学校创新能力提升计划》(2011 年计划)，发挥首都经济贸易大学多学科优势，积极联合国内外创新力量，有效聚集创新要素和资源，产生协同创新效应的重要举措之一。研究院将坚持"国际化、开放性、高水平、前沿性"的宗旨，充分发挥校校、校所、校企以及国际合作的"协同创新"优势，夯实和完善比较管理研究理论体系，深化和拓展比较管理研究领域，巩固和扩大比较管理研究成果，加强国际学界同行对话与学术交流。研究院的成立是我国管理学界的重要大事，也是我国比较管理研究的新起点。陈佳贵担任首都经济贸易大学国际比较管理研究院名誉院长。他在致辞中指出，中国的管理研究必须立足本土，放眼世界，科学地采用比较分析的方法，首都经济贸

[作者简介] 柳学信（1972—），男，河南信阳人，首都经济贸易大学工商管理学院副院长、教授、硕士生导师，主要研究企业管理；张祖群（1980—），男，湖北应城人，首都经济贸易大学工商管理学院旅游管理系副主任、副教授、硕士生导师，主要研究旅游管理。

易大学部分学者一直持续深入开展比较管理研究，在此基础上成立国际比较管理研究院是水到渠成之举。他殷切期望"国际比较管理研究院"能够集中各项优势资源，努力将国际比较管理研究院打造成为中国比较管理理论的孵化器，并使之真正成为孕育中国比较管理领域优秀人才的摇篮。陈之昌副主席代表北京市社会科学界联合会向研究院的成立表示热烈的祝贺！北京市社会科学界联合会对首都经济贸易大学国际比较管理研究院的发展将提供大力扶持和竭力帮助。施建军校长代表对外经济贸易大学及当天与会的兄弟院校同人，向研究院的成立表示热烈祝贺。他认为国际比较管理研究院的成立将提升高校人才、学科、科研三位一体的创新能力，意味着他们朝着建设"现代化、国际化、多科性、有特色的国内一流、国际知名财经大学"的目标又迈进坚实一步。期望首都经济贸易大学与对外经济贸易大学之间的友谊合作能够得到不断加强，共同为建设高等教育强国做出更大的贡献！在各位嘉宾的阵阵掌声中，首都经济贸易大学党委书记柯文进教授与国际比较管理研究院名誉院长陈佳贵研究员共同为国际比较管理研究院揭牌，国际比较管理研究院院长高闯接牌。

第二单元为"管理学发展的比较维度与研究范式研讨会"。首都经贸大学校长助理、工商管理学院院长高闯教授主持该研讨会，气氛热烈。

张春来：管理无模式，要在中国国情实践中寻找问题、解决问题

河北曙光集团董事长张春来首先发言，他认为改革开放30多年，中国完成了由计划经济到市场经济的转变。只有市场经济才能帮助中国走向国际市场。总结世界先进企业发展规律，为企业家从理论上提供更多、更好的指导。经济发展需要成熟的市场经济机制，管理无模式。从多年实践中他提出的"野鸡论"（国有企业是家鸡不下蛋）、"公私论"、"蜜蜂论"、"负位论"、"纳银论"、"抓好进口，把好出口，调好胃口，上下统一，里外平衡"等都曾经引起广泛关注。管理需要核心概念与理念作为支撑，在中国国情实践中寻找问题、解决问题。中国讲求"情—理—法"，外国讲求"法—理—情"，需要寻找符合国情的管理学发展道路，助长民营企业真正腾飞。在这当中，企业家与学者对管理实践思维是有差异的：企业家是把复杂地问题简单化，如凝聚为口号；而学者是把简单的问题复杂化。管理学的江湖派与学院派应该有一个平等竞争的平台，官、产、商、学要充分交流，以促进完整的市场经济形成。

仝允恒：实事求是，从实践中寻求符合中国发展的规律

国务院学位委员会工商管理学科评议组成员、清华大学经济管理学院教授仝允恒认为管理没有统一的模式。拉丁美洲、西欧主要在谈企业该做什么，没有谈及政府该发挥什么作用，企业和政府之间关联性小。而在中国，企业面临同样的问题，但由于环境不同，中国经常探讨政府该如何解决问题，出了问题首先找政府，我国台湾地区与大陆企业管理的背景比较相似。工商管理实践中应该强调毛主席提出的"实事求是"原则，在对外交流时译为"sinking truth from practice"，即从实践中寻求符合中国发展的规律，要根据不同制度环境、文化环境研究适合中国国情的管理模式。

方福前：要将国外先进理论与中国实践相结合

《经济理论与经济管理》主编方福前提倡从国外吸收借鉴先进理论与中国实践相结合。管理研究应该注重如何将经验、实践上升为理论，扩充、修正泰勒的管理理论、行为管理理论等。我国具体管理案例多、数据库庞大，但系统地上升到理论环节有所缺失。成功需要走中国化、国际化相结合的道路。

许健康：《中国社会科学》欢迎优秀的比较管理学文章

《中国社会科学》经济编辑室主任许健康发言求助于在座学者，该刊每月最后一周设立管理专版，欢迎优秀的比较管理学文章来稿。

刘德言：创建中国本土的管理学派最终受益者是企业界

葫芦岛锦天化集团党委书记刘德言认为此次大会最终受益者是企业界。他认为管理对象是企业家而不是员工，应努力解决如何提高企业家心智的问题；管理是一种文化，企业家要做"事业"而不是"职业"；比较管理应该充斥信仰，信仰是单纯的。比较管理应该考虑比较什么、如何比较，注重东西方文化的差异化，实事求是地面对中国管理实际问题。要以伦理道德为本，中学为体，西学为用，创建中国本土的管理学派。

徐二明：以数量实证概括管理学实践

国务院学位委员会工商管理学科评议组成员、中国人民大学商学院教授徐二明认为当前学术文章需要做出曲线、回归等，以数量实证概括管理学实践，体现高学术水准。正是基于此，他多年在创新与绩效的互动关系、替代效应对绩效影响、企业竞争力评价、企业管理动态演变、企业战略管理创新等方面做出的可贵学术探索尤其值得青年学人借鉴。

张国有：面对成功企业案例抽象提炼理论

国务院学位委员会工商管理学科评议组成员、北京大学光华管理学院教授张国有认为管理应该研究成功企业，只有成功企业案例才有特色、才有标尺。作为一个思想大国、实践大国，要充分发掘我国自身成功的企业案例。学科研究需要针对成功企业、成功方法来深入研究。世界上任何一个国家的模式或经验都不可以解决中国13亿人口的问题。美国、英国、日本等都是在各自特定发展的过程中崛起成大国的，所以应该从中国的国情实际出发，来解决中国的实际问题。有管理实践的不一定走学术道路，有学术素养的未必经历过实践。国际比较管理研究院是一个很好地将政、学、企等诸多力量整合在一起的平台。如马克思的《资本论》以生产力与生产关系的矛盾为线索，通过深刻分析资本主义生产方式，揭示了资本主义社会发展的客观规律；美国哈佛商学院著名的战略管理学家迈克尔·波特于1990年提出的波特菱形理论（又称波特钻石模型、钻石理论及国家竞争优势理论），用于分析一个国家如何形成整体优势，因而在国际上具有较强竞争力。这些理论都是在大量学术资料的基础上抽象提炼出来的，面对的是实际问题，因而具有强大的生命力。我国改革开放的30年也是逐步抽象具体问题的30年，他希望学术界要沉住气，只有坚忍不拔的努力才能酝酿成熟而伟大的管理学研究。

吴冬梅：比较管理宜"三大产业"研究方法有效结合

首都经济贸易大学OTA研究中心主任吴冬梅认为比较管理应该贯彻"三大产业"的研究方法："一产"方法包括案例分析、田野调查和观察实验；"二产"方法包括统计分析法；"三产"方法主要是实证研究。她以人力资源管理和公司治理结构的研究范式为例，解析了"一产"、"二产"、"三产"相结合的案例。正是基于多种方法的灵活运用，吴教授对职业能力、科技人才激励等问题的独到见解引起学术界广泛关注。

郑海航：总结海尔，从历史的比较中取得进步

首都经济贸易大学校长顾问郑海航认为古今中外研究方法，都需要借鉴先进的理念。管理学需要从历史的比较中取得进步，如海尔集团的"事业部"，随着互联网时代的道路不断进行管理实践的创新，以"自主经营体，分权经营"为核心概念的管理模式引起广泛影响。各公司可以"各自为战"，但是不能"各自为政"。自主经营体是一种竞标的方式，获胜者主要是通过更好地实现目标的路径和方案，然后再将这个目标和薪酬挂钩；自主经营体的评价指标不是用销售来衡量，更多的是用市场份额、盈利来衡量，包括新产品开发、客户满意度等。在海尔的自主经营体模式下，多次动态调整契约，自主经营体不是一种简单的委托—代理关系（可看作一种委托人与代理人之间的博弈），把员工和企业的博弈变成为完成用户的需求，自己和自己的博弈。

表1 委托—代理关系三阶段博弈

阶段	委托人	代理人	形式
第一阶段	提供一种机制安排		规则、契约、最终分配方案等
第二阶段		行动决策（决定是否接受这种机制）	拒绝：什么都不会发
			接受：进入第三阶段博弈
第三阶段		选择对自己有利的行动（非合作博弈）	企业输，员工赢
			企业赢，员工输

陈忠卫：在差异化研究中寻求比较管理的支撑点

安徽财经大学副校长陈忠卫认为中国幅员辽阔，中国本土管理的区域化格局十分明显，各地区因为区情差异管理模式也不同，建议国际比较管理研究院着眼于中国本土，对我国东西地区差异、南北差异、城乡差异等进行研究，在差异化研究中寻求比较管理的支撑点。

蒋东生：识别变量，从不同角度进行比较管理

《管理世界》副主编蒋东生认为不同区域、不同所有制、不同文化环境会产生不同管理模式，所以有进行比较管理研究的必要。第一，若将企业的组织效率作为因变量，那其自变量可选为战略、人力资源、财务管理和营销等。学者要具备高度的学术抽象能力，不一定是做具体比较，可能在理论上回归到因子分析与揭示动力机制，如文化研究就是管理学理论与实践中一个新的容易被忽视的因子，在管理学实践中要善于识别新的因子。第二，同一因子的不同表现形式也可进行比较研究，如家族企业传承、监督和激励个人迹象等。

胡怀国：传承与借鉴相统一

《经济学动态》副主编胡怀国很认同张国有的观点，管理既要有新的学术理念，也要传承经典的学术理论和范式，借鉴是一种有效手段。中国学者面对错综复杂的管理学实际，在框架内可研究的案例、类型、着眼点很多。

宋华：在管理情景与管理绩效之间建立有效关联

中国人民大学商学院副院长宋华高度认同蒋东生的观点，他说国外学者对中国管理的印象就是"讲义气、讲关系、讲政府关系"。我国的企业组织方式、人力管理方式具有独特的中国特点，应高度提炼，总结成中国特定因素下的管理学模式。比较管理需要分析在不同情境下，如何发展绩效，在管理情景与管理绩效之间建立有效关联。

崔新建：国际范式还是中国范式

中央财经大学工商管理学院副院长崔新建认为跨国公司的发展长期且艰巨，研究过程中到底是运用国际一致的范式还是中国自己的范式，值得学术界思考。霍夫斯泰德把文化描述成"人的头脑中的一种集体共有的程序，它能将一类人与其他人区分开来"。他通过采访和问卷调查的方式，把文化差异归纳为个体主义/集体主义、权利距离、男性化社会/女性化社会、不确定性规避、时间取向5个基本的维度。管理程序和标准的差异都可追溯到基本维度中的一个或几个中。霍夫斯泰德的文化维度（Hofstede's Model of Cultural Dimensions）对中国适用还是对国际适用，还需要比较研究。

沈志渔：只有比较才能进步

经济管理出版社总编辑沈志渔认为改革开放30年中国社会发展速度快、变化大，只有比较才能进步，只有通过比较才能找到学术发展的新方向。他建议把国际比较管理研究院成立一事列入2012年的《中国管理年鉴》。

最后，高闯院长总结了此次研讨会，并对坚持到最后的嘉宾表示衷心感谢。"我校国际比较管理研究院成立暨'管理学发展的比较维度与研究范式研讨会'成功召开，取得良好效果，多家海内外媒体进行报道。"会议有以下几点共识：

第一，首都经济贸易大学国际比较管理研究院将密切关注国内外学术发展动向加强国内外学界的横向联系，不断总结中国管理实践经验，提炼中国特色管理的案例，为中国企业、政府部门和相关机构的决策提供理论支持和政策主张。将用自己的智慧、思想和实践，化解经济危机和金融风险，造福民生。

第二，首都经济贸易大学国际比较管理研究院将秉承高水平、国际化、前沿性的办院宗旨，跟踪国际学术前沿，与国外学者开展研究项目的国际合作，争取在国际学术期刊合作发表论文，依托高水平学术团队发表一批高质量的研究成果。希冀经若干年努力，使研究院跻身国内一流研究机构行列。

第三，管理学发展的比较维度与研究范式研讨会高度关注管理的情境化本土化理论，针对中国管理实践纷纷发表高见。会议一致认为，在比较管理的国际视野下，既要遵循国际研究范式与科学研究方法又要突出中国特色、中国风格、中国气派。比较管理要能够解释中国管理实践重大现实问题，在中国管理情境化、本土化研究中承担学术界应有的历史使命与责任。

Established International Comparison of Management Research and Comparative Dimension and Research Paradigm of Management Development Seminar

Liu Xuexin   Zhang Zuqun

(School of Business Administration of Capital Economics and Business University, Beijing, 100070)

Abstract: On June 1, 2012, sponsored by the international comparison of the Capital University of Economic and Business management institute established ceremony and comparing dimension and research paradigm of "development of management seminar" in Beijing landmark towers building d C hall was held. vice President of the National People's Congress (NPC) standing committee, the Chinese academy of social sciences, a researcher at the Chinese enterprise management research association Chen Jia-gui, director of macroeconomic research institute national development and reform commission (NDRC) accepting researcher, Mr. Standing vice-chairman of Beijing federation of social science Chen Zhi-chang etc from the national famous universities, research institutions, experts and scholars of academic magazines, famous enterprises more than 60 people attended the meeting, witnessed the establishment of the "international management institute". At the conference, experts on China's comparative management the necessity, the research progress and research paradigm has carried on the thorough discussion.

Key words: Comparison of Management; Research Paradigm; the Capital University of Economic and Business

【研究范式与方法】

第五届全国比较管理研讨会观点综述

关 鑫

(首都经济贸易大学工商管理学院,北京 100070)

[摘 要] 2012年10月27日,在香港理工大学红磡湾校园成功举办了第五届全国比较管理研讨会。会议期间,与会者就比较管理研究中的中国管理实践、本土化管理理论和比较管理理论创新进行了深入的探讨。本文简要介绍了研讨会的发起、会议主题和主要议题,并从比较管理学的学科基础、中国本土管理思想与管理实践、比较管理专题三个方面综述学者们的主要观点和思想。

[关键词] 比较管理;研究方法;研究范式

2012年10月27日,由中国企业管理研究会、蒋一苇企业改革与发展学术基金会主办,香港卫生经济学会、香港理工大学专业与持续教育学院、首都经济贸易大学工商管理学院、经济管理出版社等单位联合承办的"第五届全国比较管理研讨会——中国管理实践与比较管理理论创新"在香港理工大学红磡湾校园UG楼06演讲厅成功召开。来自香港城市大学、香港理工大学、澳门城市大学、香港卫生经济学会、香港公共管理协会和香港创新孵化中心等港澳地区知名高等学府和研究机构的专家学者,以及来自教育部工商管理教育指导委员会、国家自然科学基金委员会管理学部、中国社会科学院、清华大学、山东大学、南京理工大学、首都经济贸易大学、东北财经大学、江西财经大学、湖南工业大学、汕头大学、安徽财经大学和经济管理出版社等单位的代表100余人参加了此次大会。

本届研讨会共设置了三个重要环节,即开幕式、主题演讲和同步主题演讲。开幕式由香港理工大学专业与持续教育学院的袁启刚和冯琪两位老师联袂主持。他们分别用中文和英文宣布研讨会开幕,并对全体参会代表表示热烈欢迎。中国社会科学院工业经济研究所副所长、中国企业管理研究会理事长黄速建作为主办方代表首先致辞。他指出,中国企业管理理论与方法根植于中国管理思想和传统文化,其发展与完善既需要不断学习、引进和借鉴国际先进管理经验、管理理论和管理方法,同时,又要充分考虑本国国情,继承中国传统文化精髓。他衷心希望能够通过本届研讨会的成功举办,进一步推动中国管理理论与中国管理学派的形成与发展。香港理工大学专业与持续教育学院院长阮博文代表承办方致辞。他概要地介绍了香港理工大学专业与持续教育学院的发展概况,以及学院近年所取得的重要成绩,并强调了本届比较管理研讨会召开的背景,对参会代表表示热烈欢迎。在主题演讲环节,首都经济贸易大学校长助理、工商管理学院院长高闯首先作了题为"比较管理学的学科基础问题"的学术报告,分别对比较管理学的发展历程、研究对象、学科基本属性和学科体系等进行了精彩的解读。香港理工大学专业与持续教育学院院长阮博

[作者简介] 关鑫(1981—),男,辽宁沈阳人,首都经济贸易大学工商管理学院组织管理系讲师、管理学博士,清华大学经济管理学院博士后,研究方向:公司治理和比较管理。

文围绕"全球主要国家的医疗融资制度"这一主题展开比较分析。山东大学管理学院院长徐向艺对"公司治理研究的方法论问题"做出精辟的阐释。中国社会科学院工业经济研究所、海尔集团战略变革研究课题组成员赵剑波分别从价值观平衡和资源再平衡两个视角系统解读了海尔集团战略变革的艺术。在同步主题演讲环节中，与会者分别就"中国本土管理的概念和理论"、"比较管理理论研究现状、问题与走向"、"中国管理实践案例研究"、"情景化理论与实践"、"信息管理"等主题展开热烈研讨。

本届研讨会期间，学者们就比较管理研究中的中国管理实践、本土化管理理论和比较管理理论创新及相关主题展开深度探讨，他们的观点或论题大致可以分为比较管理学的学科基础、中国本土管理思想与管理实践和比较管理专题三大类。

一、比较管理学的学科基础

（一）比较管理学的研究对象、学科属性与分析范式

首都经济贸易大学校长助理、工商管理学院院长高闯围绕"比较管理学的学科基础问题"进行了精彩解读。他首先回顾了比较管理研究的发展简史，指出比较管理研究对象和边界的模糊由盛而衰的根本原因。因此，在深刻比较"管理理论说"、"管理现象说"、"管理方式说"和"管理理论与实践说"的基础上，他强调比较管理学并不简单研究处于现象层面的管理实践活动，而是要揭示具体情境下管理现象背后的运作机制和机理，比较不同情境下管理现象背后的运作机制和机理的差异性和相似性。回答具体的、不同情境的管理活动实际上是如何进行的，有什么异同，是什么因素影响了不同情境管理活动的差异？并借用"中层理论"诠释什么是"机制"。比较管理研究的任务就是要对其研究对象做出诠释性理解（Interpretive Understanding）和因果性说明（Causal Explanation），因此，它是一门典型的解释性科学。高闯还详尽地介绍了比较管理研究中的分析方法，包括数理整合方法、案例推理、计算推演、心理行为分析、比较分析方法和历史的演化分析，并着重强调了历史的演化分析中生物进化论和钟表理论。最后，他从情境与演化的视角对比较管理学的学科体系进行了生动的说明。

（二）比较管理学的研究方法

西安交通大学实证社会科学研究所副研究员李德昌基于势科学与信息人理论分析了比较管理视角下的中国文化复杂性与管理路径。他指出，管理的本质是应对不确定性，不确定性的本质是系统要素之间的差别与联系营造的强大信息量或信息势而构造的管理实践的复杂性。从比较管理的视角看，基于中国文化的管理复杂性主要来自两个方面：其一，忠孝导致的线性相关；其二，嫉妒产生的非线性纠缠。在势科学与信息人理论基础上，通过线性变换的置换对称与非线性变换的局域对称，营造强大的管理信息量与管理信息势，是应对中国文化的复杂性，实现中国管理的有效路径。其中包括以下三条路径：一是倡导个性化与民主化，解决中国管理中社会结构与组织结构的非稳态信息势；二是通过置换变换的制度设计和意识重建，将线性相关的同质性解构为集体主义的置换群，营造强大的管理信息量和信息势；三是通过纠结变换的组织管理和文化管理，将"关系纠缠"的内耗约束机制转变为"自组织信任"的局域对称性机制，由此营造中国管理灵活而强大的应变信息量与应变信息势。

（三）管理移植理论与方法

首都经济贸易大学工商管理学院关鑫指出，比较管理学的最终目标，亦即比较管理理论成果

在实践中的应用,则是重点分析、讨论和指导如何在不同管理情境中科学、高效地移植某种先进的管理模式。在全球经济一体化和中国企业国际化趋势和程度不断加深的背景下,比较管理学对于管理模式移植问题的讨论,有着更为重要的现实意义。管理移植就是企业在现有的管理实践与环境条件的基础上,通过引进和吸收外来的新管理知识,提高自身管理水平,实现管理方式创新的动态过程。管理移植以现有的企业管理体系为基础,根据需要对企业外部的新管理知识、管理模式进行引进、消化和吸收,以提高企业自身的管理水平,实现管理模式的创新。同时,管理移植受到管理情境的约束,其移植路径和方式往往会随着具体的管理情境而有所不同。通过管理模式的科学移植,不仅可以进一步促进国内外优秀企业之间的交流,相互学习,取长补短,而且可以更好地使我国本土企业知己知彼,全力应对外部强势企业的挑战,不断获取、保持和提升本土企业在国际市场上的竞争优势。

山西大学工商管理学院李枫以日本从美国移植全面质量管理思想的实践经验为基础进行研究,对管理移植发生的原因、移植的内容、分析的角度等方面进行了分析,提出了一些建议和观点,并尝试性地提出管理移植的具体实施过程。他指出,企业管理移植的内容包括管理技术、管理制度、企业文化和管理哲学四个部分。在实践中,对管理技术的移植较多,成功案例也很多。较为容易的就是管理制度的移植,它分为两个层次:一是与管理技术相连的规章制度,这些移植起来较容易;二是与企业文化相连的部分,这些移植起来较困难。而企业文化和管理哲学对移植来说更困难。因此,企业必须认真从宏观、中观和微观三个层次进行科学的可行性分析。由于这些内容分别从不同层面对移植进行了分析,但每个层面内容的重要性是不一样的。所以在具体实施过程中,可以分参考内容分析、差别度分析和重点分析三个部分进行,不同部分的重要程度不一样,给移植带来的影响也不一样。

二、中国本土管理思想与管理实践

(一) 中国文化与管理思想

湖南工业大学商学院教授欧绍华等从近代民族企业在战略环境分析、战略选择及评价、战略实施及控制等方面出发,探讨近代民族企业战略管理思想及其实践。他们指出,中国近代民族企业家在经营企业的过程中,根据企业所处的环境、面临的困难,提出了许多行之有效的对策,形成了一系列战略管理思想。其中包括:注重投资环境分析,"谋定而后动"的思想;把握时局变化、重视权变的思想;同业合并、联合经营思想;多元化经营与专一经营相结合思想;组织管理思想、成本管理思想、人事管理思想和财务管理思想。

首都经济贸易大学工商管理学院副教授程丽霞从理论与实证相结合的视角,在论述北京大学王建国提出的文化核心论产生的背景、内容及应用意义的基础上,对文化核心论与稻盛和夫的管理思想进行了对比研究。王建国提出以文化为核心的六维管理理论,该理论从六个方面讨论现代组织的管理:文化管理讨论怎样判别事物的对错,找正确的事做,以求效果;信息管理讨论怎样确定事物的客观性、可靠性,以求做真实可靠的事;知识管理讨论怎样用理性的、正确的方法做事,以求效率;艺术管理讨论管理人的艺术,使管理具有奇效和美感;权变管理讨论管理怎样适用时空和环境的变化,力求变通的做事;执行管理讨论管理的全面执行力,即文化、信息、知识、艺术和权变五个方面的执行力及其相互关系。在六维管理理论中文化管理具有统帅的核心地位。而日本经营四圣之一、一生创办了两家世界 500 强公司的稻盛和夫认为,人生/事业成功最关键的是坚持"作为人,何谓正确"的哲学,以他的成功验证了王建国文化核心论的正确性,两者的管理思想不谋而合。

福建农林大学经济与管理学院张胜荣等回顾了西方管理学中经典的人性假设及对应的管理理论。他们认为，企业文化管理是管理理论发展的第四个阶段，因此提出全新的人性假设，即自在人假设。他们将之归纳、概括为"自在、和平、大爱"。这种归纳极富时代感和创新性，具有极强的概括性和包容性，既涵盖了中国文化的核心精神，又汲取了东方文化的最高境界。与"自在人"假设对应的管理理论是S理论，进而构建了S管理理论的模型，分析了S理论模型各核心要素作用机理及理论的运用条件，讨论了自在与不自在两种状态下模型的演变，以及不自在状态下，通过搭建金三角让模型回归自在状态；最后指出S管理理论的历史意义与需要进一步研究的问题。

（二）中国企业的管理实践

中国社会科学院工业经济研究所、海尔集团战略变革研究课题组成员助理研究员赵剑波系统地介绍了海尔集团由"以质量与服务为核心"的高速发展期到"以人单合一双赢模式为核心"的战略转型期的战略变革历程，并分别从价值观平衡和资源再平衡两个视角系统解读了海尔集团战略变革的艺术。他指出，海尔价值观平衡主要包括创新与创业、机会公平和开放性，并分别用"战战兢兢如履薄冰"、"跟不上步伐，就会成为障碍"、"对创新的概念，不能有任何迟疑"、"纪律严明的部队"等词句加以生动形象的解说。海尔的资源再平衡包括用户资源再平衡、组织层级资源再平衡和企业间资源再平衡。海尔"以人单合一双赢模式为核心"的战略转型恰恰体现了企业价值观平衡和资源的再平衡。

香港城市大学教授 Lee Ngok 等对中国新兴市场的营销战略做了经验分析。他们指出，中国是一个最重要的新兴市场，实践与现场经验对理解中国的市场营销战略、营销组合与服务有着极为重要的作用。为了调研市场营销计划和战略的发展，他们采用了元分析方法，即对来自中国产品部门、金融部门和服务部门的有实践经验的管理者们的案例进行元分析。结果显示：来自中国15个省的案例研究各不相同，关注重点是市场而非顾客，中国的市场营销需要重新定向，管理者需要接受市场营销方面的理论、知识与技能培训。

山东大学管理学院教授钟耕深等从企业生命周期的角度，结合企业处于初创期、成长期、成熟期和衰退期四个不同生命周期的特点，分别讨论了当企业处于不同发展阶段时商业模式的转型和优化思路，以及应采取的一系列措施和手段。他们指出，商业模式是一个动态变化的形式，没有哪一种模式可以放之四海而皆准，也没有哪一种模式可以一劳永逸。任何一种成功的商业模式都是和内外部环境及资源恰当结合的产物。通过对商业模式不断地动态调整，逐步加强企业应对自身发展和变化的能力，进而实现企业持久健康的发展。他们还特别强调，行业内的企业出于对成功的相互模仿，往往会出现"趋同"现象，面对"趋同"，企业需要保持足够的警惕，要敢于对商业模式进行优化和变革，改变当中的某些要素或者环节，甚至彻底地再造商业模式，以差异化经营获取超额利润。企业只有随着自身的发展和客观情况的变化不断对商业模式加以创新，才能获得持续的竞争力与持久生存。

山东大学管理学院教授李军等以我国风险投资公司为主体，分析了风险投资过程中知识转移的特殊影响因素，构建了知识转移分阶段模型并进行了分析阐述。他们发现，风险投资公司对风险企业间有效成功的知识转移不仅能够提高投资的成功率，而且能够完善风险投资公司知识结构，促进风险投资公司和风险企业双方的共同成长；风险投资是风险投资公司与风险企业进行知识转移的桥梁，风险投资的整个过程也是双方间进行知识转移的过程；借助风险投资公司对风险企业的资本和管理导入，风险投资公司不断转移自身知识和学习对方知识，完善自身知识体系；同时，风险企业也不断转移和学习风险投资公司的知识，并与自身的知识积累相融合，以解决企业发展中遇到的问题。因此，风险投资投入的资本，不仅包括资金元素，更重要的是知识元素。他们在建立的风险投资知识转移的分阶段模型中，把风险投资过程中的知识转移划分成伙伴寻找匹配、知识实施应用和知识整合升华三个阶段,并与风险投资过程的三阶段——寻找项目阶段、投资管理阶段和投资退出阶段建立起有机的对应关系。

首都经济贸易大学副教授佘镜怀等基于经济学理论和我国垂直行业 B2B 大宗商品交易市场现状,选取 3 家具有代表性的交易市场运营商作为案例样本,开展多案例分析比较,归纳出我国原材料行业垂直行业 B2B 大宗商品交易市场运营商从信息服务到交易服务,再到其他增值服务的资源整合的一般发展规律,为我国规范相关市场提供政策参考。他们指出,大宗商品交易在中国流通市场,特别是原材料行业垂直行业 B2B 交易市场更发挥着重要作用。垂直行业 B2B 电子交易市场的生存和发展必须立足于市场运营主体的原有优势。垂直行业 B2B 电子交易市场遵循信息服务—交易服务—金融等增值服务的发展模式。目前,垂直行业 B2B 电子交易市场都还没有实现整个供应链的资源整合服务模式,包括钢铁网、兰格钢铁和金银岛都没有覆盖到物流配送等领域,主要通过与第三方物流公司合作。因此,资源整合的原材料电子交易市场应该是所有垂直行业 B2B 电子交易市场发展的成熟阶段,可以为客户提供全方位的电子商务解决方案,实现贸易的每个环节上的资源整合,是垂直行业 B2B 电子商务未来发展的趋势。

清华大学经济管理学院博士后王峥等介绍了上海市闵行区自 2005 年起实施的药品供应管理模式改革,分析和评价了具体实施方式及效果,并对其是否可在全国范围进行成功推广进行了论证。表明这种基于信息系统的供应链管理模式在压缩医疗机构管理成本、降低药品采购价格、促进医疗机构合理用药和改变医疗机构补偿方式等方面收到一定的成效。他们还指出,由于这种方式的运营环境不仅需要资金上的支持,更需要观念上的更新及社会的整体经济发展实力,因此建议仅在经济较发达地区进行推广。

三、比较管理专题

(一) 公司治理专题

山东大学管理学院院长徐向艺简要地回顾了从股东单边治理到利益相关者共同治理的演进过程,并指出两种治理模式的缺陷,提出以股东为主导的利益相关者治理理论。他指出,以股东为主导的核心利益相关者相机治理理论不仅克服了股东至上、单边治理的局限,也避免了利益相关者共同治理理论主张的全员参与治理所引起的目标混乱、效率低下等问题,是对单边治理与共同治理的修正与整合。他还分别对公司治理结构与治理行为间的差异、公司治理绩效与财务绩效间的关系以及公司治理的跨期效应等问题进行了全新的解读。他特别强调,公司治理的有效性应表现为履行公司使命,实现委托人与代理人的利益均衡、满足利益相关者的利益诉求等方面的效率,即公司治理效率。对公司治理效率进行准确界定与测度,是研究公司治理结构合理安排与设计的逻辑出发点。公司治理作为一种制度安排,其存在的最终目标应是解决两权分离导致的代理问题,即公司治理代理问题的效率。公司治理绩效既可能是本期公司治理改进的结果,也可能是前期公司治理改进的结果。公司治理与公司绩效表现之间的关系在不同时期可能会表现出不同的特征,较短的样本期间无法检验出两者之间的真实关系。

辽宁大学国际关系学院教授孙丽重点分析了现代日本企业面临的紧迫性问题以及具有尖端性的企业治理问题。她主要针对下述问题再次展开探讨:外国投资者的增加和互相持股方式解体的原因和归结、主银行体系解体后的状态依存型治理的重建方向、外部治理与内部治理的互补和替代关系的解析、构成企业治理的各种辅助制度之间的互补性(Complimentarity)。通过分析,总体弄清市场层面机制和关系层面机制结合起来的复合型日本企业治理的实际状况,明确了金融危机后日本公司治理重建的重点应是根据不同类型的企业设计不同的解决方案。同时,她还分析 2008

年秋季以来的世界金融危机给日本企业治理的进化带来的影响。

首都经济贸易大学工商管理学院关鑫运用社会资本理论对我国上市公司终极股东的控制原理进行了深刻解读。他指出，公司治理的核心就是对控制权的争夺。亚洲金融危机之后，第二类公司治理问题——终极股东控制与剥夺问题成为学者们研究的焦点。然而，在复杂的公司治理实践中，单单依靠"股权控制链"分析范式难以克服终极股东的隐蔽性问题，并且还会造成实证分析结果和研究结论与现实世界发生背离。"社会资本控制链"的引入将有助于解决此类问题，并引领终极股东控制问题的研究回归真实世界。在对终极股东控制权及其社会资本进行清晰界定的基础上，他系统分析了终极股东社会资本对控制权的作用机理。研究发现，以信任和各种形式社会连带为核心的终极股东社会资本，不仅帮助其有效地节约和缓冲了与诸多控制权相关方之间的交易费用，还顺畅了它们之间的信息交流，增进了它们彼此间的沟通了解，促进共同愿景的建立，并进一步增强它们在决策与行动过程中的一致性，由此持续获取和强化对上市公司股东大会、董事会和经理层的剩余控制权、决策控制权以及经营控制权，最终实现其终极控制目标。

山东大学管理学院徐宁等对中国高科技上市公司控制权激励双重性与技术创新动态能力的关系进行了实证分析。她指出，控制权激励是一种重要的高管隐性激励契约，但其在本质上具有双重性。授予高管控制权能否对企业的技术创新动态能力产生影响？影响方式如何？基于创新经济学相关理论，她运用中国高科技上市公司 2007~2010 年的平衡面板数据，对高管控制权激励与技术创新动态能力的关联性进行实证检验，结果表明：技术创新动态能力由技术创新投入能力、技术创新产出能力、技术创新转化能力三个维度构成；控制权激励与技术创新动态能力之间存在显著的倒"U"形关系，即当控制权激励达到极值之前，控制权的积极性使其对技术创新动态能力产生促进效应，但超过此极值，控制权激励的消极性得到凸显，使其对技术创新动态能力具有抑制效应。因此，保持适度的控制权激励力度，并对显性激励与隐性激励进行合理配置是提升上市公司技术创新动态能力的理论选择。

（二）外国管理模式专题

上海外国语大学工商管理学院院长范徵深入细致地探讨了无国界管理。他指出，无国界管理是公司摆脱与国家之间的纽带，超越民族国家和独立区位的利益，以全球为目标，为全球市场服务，通过全球性系统决策的方法，把不同的子公司统一起来，通过全球经营网络来实现公司的战略目标和世界公民的发展愿景。政治有国界，但信息、经济全球化与区域经济一体化，突破了国界，因而出现了无国界企业与无国界管理。他首先考察无国界企业的存在背景，然后证明无国界管理的概念，最后提出无国界管理的战略路径与实现框架，并运用这一框架深刻地剖析了摩托罗拉无国界管理价值观发展案例。

香港理工大学专业与持续教育学院院长阮博文围绕"全球主要国家的医疗融资制度"展开比较分析。他根据构造的医疗融资方程式，分别从税收、社保、用者自付、医疗储蓄账户、私营保险、捐款、价格、和数量 8 个维度系统翔实地分析和比较了英国模式、德国模式、美国模式、新加坡模式和混合模式。据此，他提出了以私营为主导的"X 模式"和以公营为主导的"Y 模式"，构建了医疗系统光谱，并运用 A（选择、创新、高素质和高效率）和 B（公平和社会团结）两种价值观来评价"X 模式"和"Y 模式"。此外，阮博文还从医疗总开支与本地生产总值的百分比、婴儿死亡率、男性出生时平均预期寿命、公共医疗开支占医疗总开支比重、以每千人计算的病床数和以每千人计算的持证医生数等几个维度对美国、英国、德国、中国大陆和中国香港特别行政区等 12 个国家和地区的医疗融资效果进行考量与比较，并在此基础上得出以下重要研究结论：系统的目标要先定清楚，证据显示"X 模式"不一定比"Y 模式"贵，健康指标与开支和系统类型没多大关系，医疗开支与收入关系强，系统的细节是最重要的，政府的协调是非常重要的。

香港创新孵化中心 CEO 周志文对中国与其他国家的文化创业产业管理进行了深入系统的比较。他指出，近 10 年来，文化创意产业在全球经济中扮演着越来越重要的角色，它的发展已经成为提升各国综合竞争实力的首要战略。文化创意产业不仅有助于刺激经济增长，而且更能提升国家在国际社会中的积极形象与影响。然而，与西方发达国家相比，中国大陆地区的文化创意产业还处在发展初期。文化创意产业的发展需要政府、公司和学术界间的通力合作。他分别对中国大陆、中国香港特别行政区、新加坡、韩国、英国和美国的文化创意产业的决定因素和政府政策影响进行系统讨论与深刻比较，在此基础上，描绘了中国大陆文化创意产业的特征和商业模式，并特别强调了文化创业产业园的建立与复制。最后，他还提出一些对中国文化创意产业的发展具有较高借鉴价值的政策建议。

安徽财经大学王娜分别对沃尔玛、7-11、屈臣氏三家零售企业的连锁超市经营模式进行了比较分析。她指出，这三家零售企业分别代表着三种不同的连锁超市经营模式。它们的零售业态和诉求点存在着巨大的差异，主要表现为经营哲学不同、目标顾客群不同、定价方法不同、基本竞争战略不同、主要促销手段不同。同时，它们之间也隐藏着一些相似之处，如超市品牌特色的准确定位、以客为尊的企业文化、自有品牌彰显活力。她通过对比和例证的手法，阐述了三家零售企业为何营销模式迥异却同样成功，并指出它们各自都不乏实力雄厚的竞争对手，除了专注自己的品牌经营特色，还要进一步规范企业行为，坚守诚信之道。

首都经济贸易大学工商管理学院副教授徐炜首先分析了美国国有企业及美国联邦政府企业，进一步分析了美国联邦政府企业具体的三种类型：联邦政府公司、政府发起企业及临时性的政府控制公司。他从联邦政府公司的性质、特点、监管的主体及内容等方面研究了美国联邦政府公司的监管体制，结果发现：①美国联邦政府公司是一种特殊的企业。②美国联邦政府公司数量少。③美国联邦政府公司多以董事会治理为主。④美国形成了对政府公司比较完善的法律和预算监管体系。

首都经济贸易大学工商管理学院副教授范合君以微软公司为例，对纵向一体与纵向分离下核心部件最优信息公开度进行比较分析。他指出，应用软件必须接入操作系统才能正常的运行。微软公司在操作系统市场上处于垄断地位，而在应用软件市场上处于竞争地位。纵向一体化的微软公司公开操作系统的部分接口信息会产生两个方面的效应：一方面会在竞争性应用软件市场引入竞争对手，降低本公司应用软件的利润；另一方面随着应用软件种类的增多，消费者对操作系统的评价也会提高，微软可以提高操作系统的价格。因此，微软必须对二者进行权衡。他运用经济学模型加以解释和分析，并得出了纵向一体化情况下微软也会公开所有操作系统信息的结论。

香港理工大学教授邱张汉琴对跨国酒店集团在中国东部地区、中部地区和西部地区投资战略的决定因素做了深入探讨。她指出，中国的酒店业从 1978 年的 137 家激增至 2009 年的 14237 家，驱动这种快速发展的一个主要因素就是跨国酒店集团在中国的扩张。通过对跨国酒店集团在中国东部、中部和西部投资战略及其决定因素的分析，她发现，在中国东部地区，影响跨国酒店集团投资的关键因素包括市场需求，以游客量和旅游花费计算的市场规模，以政策、大型活动等虚拟变量来衡量的商业环境。在中国中部地区，影响跨国酒店集团投资的关键因素包括游客消费额、外商投资额、人均 GDP 和政策问题。而在中国西部地区，影响跨国酒店集团投资的关键因素是外国游客的数量和外商投资额。她特别指出，这些关键因素的影响程度因受地区经济发展阶段和发展水平的制约而有所不同，因此，跨国酒店集团在华投资战略的选择需要综合考虑以上因素。

首都经济贸易大学工商管理学院副教授张祖群等分别从组织结构、权力配置、法律法规、经费筹集、公民参与、经营机制六个方面对中国与欧洲文化遗产管理体制（欧洲遗产管理模式主要有法国"去国家化模式"、意大利的威尼斯模式两种类型）进行对比分析，并得出以下结论：①东西方文化遗产管理中面临共同的困境。②在遗产管理的模式上，西方国家更强调"科学"和"理性",中国自古注重人与人的协调和统一,而不是对象本身的垂直管理。③在修护和保护方式上,西方国家在维护遗产古迹方面注重遗产的原真性、完整性、可持续性等,中国在维护遗产古迹时的原则是"修旧如旧,维持原貌",相关部门、行业、政府合谋拆旧建新,最后给"旅游管理"污名化。④我国和西欧国家在遗产管理方面差距很大,需要合理借鉴,化解遗产保护与利用的文化悖论,加强遗产的技术管理与精细化管理,"尊重古人,服务今人"。

(三)人力资源管理专题

山东大学管理学院教授王益民等将组织双元性的研究延伸到战略领域,探寻组织战略双元性的内在逻辑及其作用机制,然后实证考察了高层管理团队(TMT)特征对组织战略双元性的影响以及环境不确定性的调节作用。他们基于127份样本的实证研究结果表明:①高管团队的行为整合、社会资本(商业联系、政治联系)、中庸思维对战略双元性具有显著的正向影响。②环境动态性显著增强了行为整合、中庸思维与战略双元性之间的关系,而环境复杂性显著弱化了行为整合、中庸思维与战略双元性之间的关系。他探索了不同于西方情境下的中国高层管理团队特征及其对本土企业战略行为的影响。

首都经济贸易大学工商管理学院副教授崔佳颖对荐举制度与考试制度在人才选拔中应用进行比较研究。她指出,中国古代封建社会选拔官吏的制度主要可划分成荐举制度和考试制度两类。这两种选拔制度存在较大差异,前者是由最高统治者或高级官员推荐官员的制度,重视推荐考察;后者是通过分科考试选拔官吏的制度,侧重因试取人。这两种选官方式又有相互交叉,如荐举制度中也有考试因素,科举制度中也有一些荐举因素。在隋至清末的1300年间,科举考试共历经了六次废除,各朝各代的统治者们在选拔人才时,不断地在荐举与考试制度之间反复实践。她剖析科举考试兴废的原因,从人才选拔的视角比较科举考试制度与荐举制度的差异,能够对当代的人才选拔有所借鉴。

本次研讨会以"中国管理实践与比较管理理论创新"为主题,强调从比较分析视角研究中国管理的实践问题,同时倡导研究比较管理学的学科基础理论问题,为深度探讨多元化的研究范式、寻找合适的分析工具,搭建较为系统、科学的比较管理学科体系框架提供一定的基础,进一步推动中国本土化管理理论研究。本次研讨会的成功召开必将引起更多专家、学者的共鸣,集思广益,为不远的将来,在中国出现"比较管理理论丛林",建立起真正的"中国管理学派"奠定更坚实的基础。

On the Viewpoints of the Fifth Academic Symposium of Comparative Management in China 2012

Guan Xin

(School of Business Administration of Capital Economics and Business University, Beijing 100070)

Abstract: The paper introduces the practices of Chinese management, localization theory and the theoretical innovation of comparative management during the fifth academic symposium of comparative management in China 2012 that hold in Hung Hom Bay campus of Hong Kong Polytechnic University, and reviews the three main topics such as methods and paradigms of comparative management study, the Chinese local management, and the special fields of comparative management.

Key Words: Comparative Management; Research Methods; Research Paradigm

图书在版编目（CIP）数据

比较管理.2012年.第1期/高闯主编.—北京：经济管理出版社，2012.8
ISBN 978-7-5096-2377-0

Ⅰ.①比… Ⅱ.①高… Ⅲ.①比较管理学 Ⅳ.①C93-03

中国版本图书馆 CIP 数据核字（2013）第 057313 号

责任编辑：晓　白
责任印制：杨国强
责任校对：蒋　方

出版发行：经济管理出版社
　　　　　（北京市海淀区北蜂窝8号中雅大厦A座11层　100038）
网　　址：www.E-mp.com.cn
电　　话：(010) 51915602
印　　刷：北京银祥印刷厂
经　　销：新华书店
开　　本：880mm×1230mm/16
印　　张：7.75
字　　数：218千字
版　　次：2012年8月第1版　2012年8月第1次印刷
书　　号：ISBN 978-7-5096-2377-0
定　　价：20.00元

·版权所有　翻印必究·
凡购本社图书，如有印装错误，由本社读者服务部负责调换。
联系地址：北京阜外月坛北小街2号
电　　话：(010) 68022974　　邮编：100836